"十三五"国家重点出版物出版规划项目

转型时代的中国财经战略论丛

融资融券对企业创新投资及效率的影响研究

王春燕　著

中国财经出版传媒集团

经济科学出版社
Economic Science Press

图书在版编目（CIP）数据

融资融券对企业创新投资及效率的影响研究/王春燕著.
—北京：经济科学出版社，2020.11
（转型时代的中国财经战略论丛）
ISBN 978 - 7 - 5218 - 1938 - 0

Ⅰ.①融… Ⅱ.①王… Ⅲ.①证券投资 - 影响 - 企业 -
投资 - 研究 - 中国 Ⅳ.①F279.23

中国版本图书馆 CIP 数据核字（2020）第 188559 号

责任编辑：于海汛 冯 蓉
责任校对：刘 昕
责任印制：李 鹏 范 艳

融资融券对企业创新投资及效率的影响研究
王春燕 著
经济科学出版社出版、发行 新华书店经销
社址：北京市海淀区阜成路甲 28 号 邮编：100142
总编部电话：010 - 88191217 发行部电话：010 - 88191522
网址：www.esp.com.cn
电子邮箱：esp@esp.com.cn
天猫网店：经济科学出版社旗舰店
网址：http://jjkxcbs.tmall.com
北京季蜂印刷有限公司印装
710×1000 16 开 11.25 印张 180000 字
2020 年 12 月第 1 版 2020 年 12 月第 1 次印刷
ISBN 978 - 7 - 5218 - 1938 - 0 定价：50.00 元
（图书出现印装问题，本社负责调换。电话：010 - 88191510）
（版权所有 侵权必究 打击盗版 举报热线：010 - 88191661
QQ：2242791300 营销中心电话：010 - 88191537
电子邮箱：dbts@esp.com.cn）

总　序

　　山东财经大学《转型时代的中国财经战略论丛》（以下简称《论丛》）系列学术专著是"'十三五'国家重点出版物出版规划项目"，是山东财经大学与经济科学出版社合作推出的系列学术专著。

　　山东财经大学是一所办学历史悠久、办学规模较大、办学特色鲜明，以经济学科和管理学科为主，兼有文学、法学、理学、工学、教育学、艺术学八大学科门类，在国内外具有较高声誉和知名度的财经类大学。学校于 2011 年 7 月 4 日由原山东经济学院和原山东财政学院合并组建而成，2012 年 6 月 9 日正式揭牌。2012 年 8 月 23 日，财政部、教育部、山东省人民政府在济南签署了共同建设山东财经大学的协议。2013 年 7 月，经国务院学位委员会批准，学校获得博士学位授予权。2013 年 12 月，学校入选山东省"省部共建人才培养特色名校立项建设单位"。

　　党的十九大以来，学校科研整体水平得到较大跃升，教师从事科学研究的能动性显著增强，科研体制机制改革更加深入。近三年来，全校共获批国家级项目 103 项，教育部及其他省部级课题 311 项。学校参与了国家级协同创新平台中国财政发展 2011 协同创新中心、中国会计发展 2011 协同创新中心，承担建设各类省部级以上平台 29 个。学校高度重视服务地方经济社会发展，立足山东、面向全国，主动对接"一带一路"、新旧动能转换、乡村振兴等国家及区域重大发展战略，建立和完善科研科技创新体系，通过政产学研用的创新合作，以政府、企业和区域经济发展需求为导向，采取多种形式，充分发挥专业学科和人才优势为政府和地方经济社会建设服务，每年签订横向委托项目 100 余项。学校的发展为教师从事科学研究提供了广阔的平台，创造了良好的学术生态。

习近平总书记在全国教育大会上的重要讲话，从党和国家事业发展全局的战略高度，对新时代教育工作进行了全面、系统、深入的阐述和部署，为我们的科研工作提供了根本遵循和行动指南。习近平总书记在庆祝改革开放40周年大会上的重要讲话，发出了新时代改革开放再出发的宣言书和动员令，更是对高校的发展提出了新的目标要求。在此背景下，《论丛》集中反映了我校学术前沿水平、体现相关领域高水准的创新成果，《论丛》的出版能够更好地服务我校一流学科建设，展现我校"特色名校工程"建设成效和进展。同时，《论丛》的出版也有助于鼓励我校广大教师潜心治学，扎实研究，充分发挥优秀成果和优秀人才的示范引领作用，推进学科体系、学术观点、科研方法创新，推动我校科学研究事业进一步繁荣发展。

伴随着中国经济改革和发展的进程，我们期待着山东财经大学有更多更好的学术成果问世。

山东财经大学校长

2018 年 12 月 28 日

前　言

2010 年 3 月 31 日，我国融资融券制度正式实施，目的在于促进资本市场的健康发展、建立健全资本市场的交易制度。创新是国家的五大发展理念之一，十九大报告中指出要坚定实施创新驱动发展战略，坚持创新引领，不断增强我国经济的创新力，努力使我国跻身创新型国家前列。微观主体创新效率高、成本低，是国家创新的主体。融资融券机制可以看作是一种外部治理机制，对管理层的不当行为具有一定的约束作用。那么融资融券机制能否发挥其监督效应，抑制管理者在创新上的机会主义行为并且促进企业创新投资是一个值得探究的问题。

鉴于我国融资融券业务分步扩容的前提基础，本书利用 2007 ~ 2016 年 A 股上市公司数据，基于信息不对称理论、委托代理理论等，运用双重差分模型（DID）、倾向得分匹配（PSM）、数据包络分析（DEA）等方法，研究了融资融券制度的实施对企业创新投资的影响，从监督约束假说和市场压力假说两个方面，探讨了融资融券影响企业创新投资的内在机制，并据此从如何分步、有序地继续推进融资融券制度为政府部门和企业提供了一些建议。

本书内容共分为 7 章：第 1 章概述了本书的选题背景和研究意义并对书中涉及的相关概念进行了界定；第 2 章详细阐述了我国资本市场上融资融券的准备工作和分步扩容历程，同时对融资融券和创新的文献进行了梳理；第 3 章是理论分析，运用创新理论、信息不对称理论、委托代理理论和高层梯队理论探讨了当前企业创新投资及效率存在的问题；第 4 章系统分析了融资融券对企业创新投资的影响，以 2007 ~ 2016 年 A 股上市公司为样本，利用双重差分模型检验了融资融券制度对企业创新投资的具体影响；第 5 章在第 4 章内容的基础上，进一步从企业情境和管理层特征出发分析了融资融券对创新的差异影响；第6章继续考虑了企业专利数量，探讨了融资融券对企业创新投资效率的影响，以更加清晰地揭示融资融券在公司治理中所发挥的作用；第7章是研究结论与政策建议部分，在总结结论的基础上，为政策制定部门和企业提供了可供参考的意见。

　　本书力求内容完善、准确，但由于时间较为仓促，难免有疏漏之处，敬请读者指正。

笔　者

2020 年 5 月

2

目　录

第1章 总　　论

1.1　选题背景与研究意义

1.1.1　选题背景

自美籍奥地利经济学家熊彼特（Schumpeter，1934）提出企业创新理论以来，创新一直受到学术界和实践界的广泛关注。纵观全球经济的发展历史，创新性技术确实在经济增长和经济发展中起着重要作用，是经济发展的主要推动力量。从古代的青铜冶炼，到近代蒸汽机、电灯的发明，再到现代计算机、互联网、云服务的发展，无不彰显着创新的力量。创新也正真实融入着日常的生活，提升了人民的获得感。如动车组"复兴号"在京沪线上跑出350公里的时速，北京和上海的往来时长继续缩短，仅需要四个半小时；如一个手机便可支撑走天下，大大提高了生活的便利程度。尤其在当下经济一体化的全球大背景下，科技的进步和技术的创新更加成为国家强盛和企业成长的推动力，我国正处在经济转型的关键时期，创新的作用不容忽视。党的十九大报告中也指出要坚定实施创新驱动发展战略，坚持创新引领，不断增强我国经济的创新力，努力使我国跻身创新型国家前列，建立企业为主体、市场为导向产学研深度融合的技术创新体系。包括习近平总书记提出的"供给侧改革"和国家正在试点实施的"新旧动能转换"等政策，都旨在推进经济的结构性改革，通过创新提高产品或服务供给的质量。依靠廉价劳动力和低成本要素等粗放的增长方式在发展过程中产生了巨大的社会治理成本，已经不符合经济发展的要求，从长远看，中国的经济发展模式从"要素驱动"向"创新驱动"转变已是大势所趋且迫在眉睫。

相关研究也表明，创新对国家、对企业都起着重要作用。创新能够为企业带来更多的利润，相对于没有创新活动的企业，开展创新活动可以使企业获得更好的发展（Anandarajan，2007），是经济增长的引擎（Romer，1990；Aghion & Howitt，1992），对经济增长具有至关重要的作用。每一个单位的专利研发比的增加会带来 0.85 个单位的 GDP 的增加（Chang et al.，2013）。格里利谢斯（Griliches et al.，1990）等检验了 R&D 的溢出效应，估计认为 R&D 的社会回报率介于 20% ~ 60%，使得创新成为经济增长的主要源泉。根据诺贝尔经济学奖获得者索洛（Solow，1957）的研究可以知道，在 1909 ~ 1949 年美国 GDP 翻番的过程中，经济增长贡献率的将近 90% 来自科技的进步。

就我国的整体情况来看，创新已经取得了一定的成效。近年来，在国家政策的大力支持、社会环境的不断完善下，有越来越多的企业参与到创新活动中。根据《2014 年全国企业创新调查统计资料》的相关数据，2014 年全国共有 26.6 万家企业开展了创新活动，占全部企业的 41.3%，有近 10% 的企业实现了产品、工艺、组织和营销的全面创新。改革开放以来，我国在经济上已经取得了举世瞩目的成就，创新水平也不断提升，相关数据显示，2017 年我国创新指数名列全球 22 位，且在中等收入经济体中排名首位，全球排名比 2012 年提高了 13 个位次。我国发明专利申请量也从 2012 年的 53.5 万件增长到 2016 年的 120.5 万件。但是，由于知识溢出、企业管理等方面的问题，我国的企业创新活动仍存在一系列问题。

从创新投资来看，国家研发经费的支出呈现逐年增长的趋势，从 2012 年的 10298 亿元增长到了 2016 年的 15500 亿元，占 GDP 的比重也从 2012 年的 1.91% 上升到 2016 年的 2.08%①。虽然我国研发规模的地位不断提升，已超过欧盟 15 国 2.08% 的平均水平，但与发达国家相比还存在较大差距，低于 OECD 国家 2.40% 的平均水平。我国研发经费的投入强度与世界上的诸多创新型国家还存在一定的差距，低于以色列

---

① 资料来源：中国研发经费支出 5 年增 50.5%　科研人员拿项目机会增多［EB/OL］. 新华网，2017 - 10 - 12，http：//news. xinhuanet. com/2017 - 10/12/c_1121788962. htm.

（4.25%）、韩国（4.23%）、日本（3.49%）等创新水平较高的国家。根据发达国家的相关经验，当企业的研发投入占主营业务收入的比例超过5%时，说明企业具有较强的竞争力，2%则只能维持企业的基本生存，1%以下说明企业面临严重的生存问题（雷鹏，2015）。图1－1列示了全国研发支出的趋势，从整体数量以及占GDP的比重来看，全国对研发的支出是逐年增长的，但增长的比率并没有连续上升。

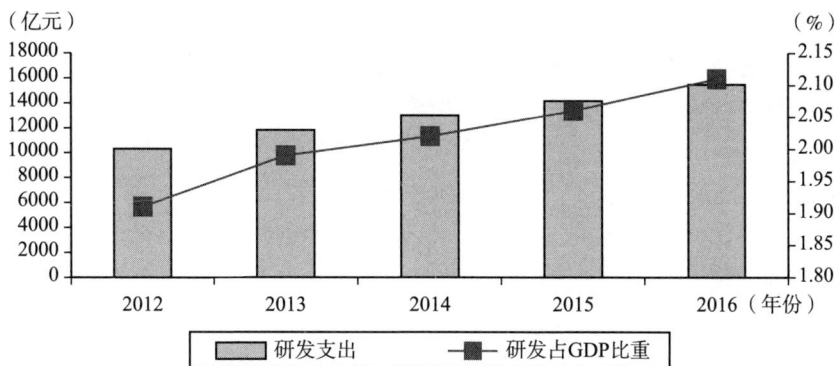

图1－1 全国研发支出趋势

具体地，从研发投入结构来看，基础研究经费的比例不断上升，2016年我国基础研究经费为822.9亿元，占研发经费总额的比例为5.3%，比上年增长了14.9%，明显高于应用研究和试验发展经费的增长速度。对于企业来说，根据国际上的发展经验，其基础研究经费、应用研究经费和实验发展经费应该保持一个稳定的比例，且基础研发经费占比为15%左右。因此，虽然我国的基础研究经费处在稳步提升的阶段，但比例远远不够，这也是导致我国企业自主创新能力不足从而影响企业核心竞争力的重要原因。

从研发投入主体的结构来看，企业开展研发活动的积极性进一步提高，2016年，企业研发经费支出12144亿元，占全国总研发经费的比重为77.5%，比上年增长11.6%，是创新活动的主力军。政府科研机构经费支出2260.2亿元，高等学校经费支出为1072.2亿元，二者占总经费支出的比重分别为14.4%、6.8%。高技术制造业研发经费为2915.7亿元，比制造业平均水平高1.4个百分点，对我国经济增速转型起到了重要的带头作用。

从企业对技术的引进吸收情况来看，当前我国注重引进国外的先进技术，但是对技术的消化吸收能力不强。作为第二次世界大战后迅速崛起的新兴国家，日本和韩国成功的重要因素是大力引进技术并进行消化吸收再创新，技术引进和消化吸收费用之比较高，大约为 1:5 ~ 1:8。但是在我国，技术引进的费用却高于消化吸收的费用，是消化吸收费用的 2.6 倍左右（2013 年规模以上工业企业的数据），面临技术引进过程中"花费多，仍落后"的局面。

从国家、地区和微观企业来看，我国的创新水平都获得了巨大的提升，但是创新尤其是企业的创新也面临诸多的问题。由 Wind 数据库的统计数据可知，近几年来上市公司频繁购买理财产品，截至 2017 年 11 月，沪深两市有 1053 家上市公司购买了 1 万多款理财产品，金额高达近 1000 亿元，与此同时，购买风险较低的信托理财的上市公司比例持续增加。这也从另外一个方面说明我国企业的创新是比较乏力的，企业出于对风险、收益等方面的综合考虑，因为企业不愿意把更多的钱花费在创新的投入上，创新的动力不足。

从创新投资获得收益以及效率来看，近年来，随着创新投入的不断增加，我国的科技改革也取得了一定的成果，创新投资也获得了一定的产出。专利数量尤其是发明专利的产出数量呈现逐年增长的趋势（见图 1 - 2）。发明专利的授权数量从 2012 年的 27.1 万件快速增长到 2016 年的 40.4 万件，增长了 50%。2016 年，全国共受理 133.9 万件的发明专利申请，截至 2016 年底，全国共拥有 110.3 万件有效发明专利①，首次突破 100 万件，成为继美国和日本之后世界上第三个国内有效发明专利数量超过百万的国家。企业占国内发明专利申请和授权的比例达到六成以上，企业作为创新主体的创造能力不断得到提升。当然，创新投入的不断增加除了大大提升了专利的申请数量，也使我国的产业得到了一定程度的升级。从出口的份额来看，2016 年我国出口占全球出口额比重稳步提升至 13% 以上，而美国、德国、日本这三个世界上的出口强国，其出口比重在超过 10% 之后都相继出现了回落。

---

① 资料来源：2016 年国家知识产权局专利统计数据公布 [EB/OL]. 搜狐网，2017 - 1 - 19，http://www.Sohu.com/a/124723339_544661.

（万件）

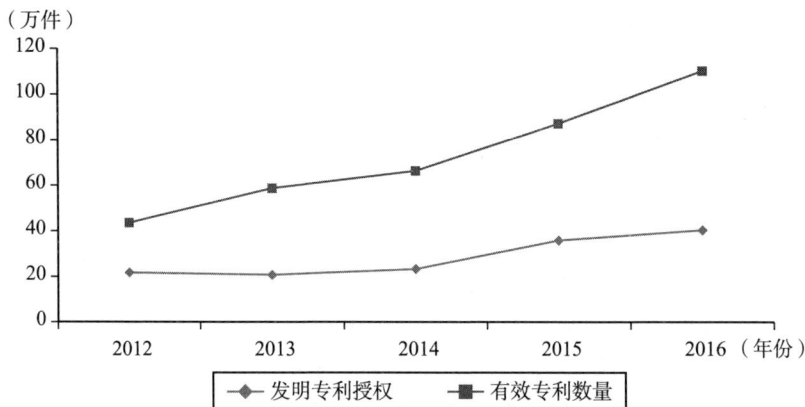

图 1-2　全国专利数量

科学技术是第一生产力，在国家政策的不断完善、行业环境的不断优化和企业自身的不断努力下，我国企业的创新水平有了一定程度的提升，创新投资和创新产出逐年增加，但与全球的先进水平相比还存在较大差距，基础研究的投入不够，创新对企业核心竞争力的支撑作用尚未有效发挥，当前的企业还没有真正成为国家创新的主体。虽然我国已经逼近全球技术的前沿，但在未来的发展中想要避免掉入"中等收入陷阱"，全面实现弯道超车，必须更加注重向创新效率要产出。当前我国还处在全球价值链的下端，首先，我国已经成为制造业大国，但并非是制造业强国，我国的工业技术水平还不高，企业的生产效率低下；其次，分地区、分行业来看，我国的创新效率发展极不平衡，多数的中西部地区创新效率水平较低。而企业作为创新的微观单元，其创新活动具有效率高、成本低等特点，是国家创新的主体。弗尔曼等（Freeman et al.，1997）准确地概述了创新对企业的重要性，指出企业"要么创新，要么死亡"，通过创新保持持续竞争优势已成为企业生存和发展的方向。习近平总书记指出："企业是科技和经济紧密结合的重要力量，应该成为技术创新决策、研发投入、科研组织和成果转化的主体。"因此，如何提高微观企业的创新能力是建设创新型国家关注的重要内容，也是推动创新驱动发展战略进入快车道中一个需要认真研究的紧迫课题。

现代企业所有权与经营权两权分离造成股东与管理层之间、大股东与小股东之间产生严重的委托—代理问题：一方面，经营者和所有者的目标函数不同，经营者可能会以私有利益最大化为目标进行决策和行动；另一方面，大股东可能会枉顾小股东的利益，操控管理层进行非理性的行为。企业的创新投资作为一种重要且特殊的投资形式，其也会受到委托—代理问题的影响，最终使得企业表现出创新动力不足的现象。

已有文献发现，金融市场的发展对企业的创新可以产生积极的促进作用（Hsu，2014），因为繁荣的金融市场可以克服道德风险和逆向选择问题，降低企业的资本成本。相较于国外发达的资本市场，我国的金融市场起步较晚，发展也相对缓慢，各项交易制度并不十分完善。从融资融券交易来看，长期以来，我国并不允许进行此交易，为了健全股票市场的交易制度，促进资本市场的健康良性发展，经过了前期4年多的准备工作，2010年3月31日，我国的融资融券交易制度正式开始实施，"单边市"交易机制正式结束，这是我国资本市场上重要的制度创新。融资融券制度预期承担着价格发现、市场稳定、流动性增强以及风险管理等方面的功能。

融资融券制度自实施以来，其交易规模不断提升，从2010年3月实施时市场交易规模不足700万元，到2015年4月交易规模已达20795.47亿元的高点（融资融券及融资融券余额占比如图1-3所示），然而与此同时，在两融市场交易规模冲抵高点的2015年股市整体暴跌现象更是频频出现，该制度的实施效果又存在一定的争议。整体上看，融资融券的作用在我国的资本市场和上市公司行为中得到了一定程度的肯定，降低了股价被高估的可能性、减小了股票收益的波动、稳定了市场运行效率等。一方面，融资融券机制的实施使股票市场经历了从无到有的信用交易机制，原有的运行机制发生了改变，对投资者产生了一定的影响；另一方面，股价的暴跌现象又使各界对融资融券所能发挥的作用产生了质疑。在此背景下，深入探究融资融券对企业行为的影响显得至关重要。虽然已有的文献从不同的视角说明了融资融券在抑制企业的盈余管理、提高上市公司的现金持有等方面的作用，但融资融券对公司创新投资及效率的影响还并不明确，因此，在融资融券制度实施效果尚不明确的大背景下，基于我国企业创新能力不足的现状，围绕着"如何提高企业的创新能力"这一议题，本书研究了融资融券制度的实施这一有利于资本市场发展的现象是否切实地能起到其预期的作用，在此基础上其能否对企业管理层的创新投资行为产生影响，在提高创新投资水平的情况下能否使创新投资的效率也获得进一步的提升。

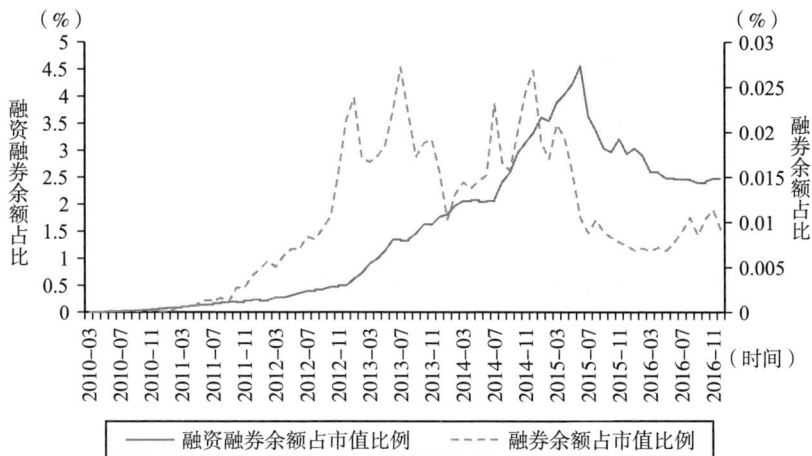

图 1-3 融券、融资融券余额占比

1.1.2 研究意义

科学技术是第一生产力，党的十九大报告中指出，当前我国整体的创新能力还不够强，实体经济水平有待提高，而创新是引领发展的第一动力，是我国五大发展理念之一。2015 年习近平主席首次提出了供给侧结构性改革，在十九大报告中提出要进一步深化供给侧结构性改革，坚持创新引领，坚定实施创新驱动发展战略，不断增强经济的创新力。改革的顺利实现离不开主体作用的发挥，激发主体的积极性是改革的前提，供给侧改革的最终落脚点在于激发企业的活力（张玉明，王春燕，2017）。供给侧改革主要是搞活企业，创新是重点，改革必须通过企业的创新来实现，只有企业活了，企业才有钱投资，政府才有税收，改革才能进一步推进下去（许小年，2016）①。因此，政府制定出台了一系列措施来鼓励企业的创新活动，如加大财政对科技创新的投入，建立多元的创新投资体系；促进企业与高等院校、科研机构等的合作，努力提

---

① 许小年在"规范发展·决胜未来——2016 中国互联网金融发展新机遇高峰论坛"上就"供给侧政策与互联网金融创新"问题发表演讲。

升企业的自主创新能力；加大对骨干企业的培育力度，鼓励企业做出特色；完善地区人才激励机制，吸纳更多优秀人才来企业开展创新活动；完善外部治理机制，促进媒体、资本市场监督作用的发挥。

融资融券作为我国资本市场上的新兴交易制度，该制度的实施承担着提高流动性、稳定市场等多方面的作用，也是我国完善市场、促进企业发展的重要举措。作为一项在西方国家有效的机制，其能否在我国起到真实的作用有待于深入考察。本书从企业创新的视角切入，讨论了融资融券制度是否真实地减少代理问题，影响上市公司的行为，这为促进我国上市公司创新行为的管理和资本市场的资源配置及健康发展提供了理论证据和现实依据，具有十分重要的理论和现实意义。

1.1.2.1 理论意义

第一，直观地探索了宏观制度环境的变化如何影响企业的微观行为。融资融券作为一种新兴的外部治理机制，是我国资本市场上的制度创新。研究制度的引入与变迁对企业创新投资及效率的影响，可以揭示金融市场影响实体经济乃至企业微观行为的一种路径，为政策制定机构以及金融市场的制度安排和企业的治理行为提供新的思路。首先，将企业的创新活动作为一个系统的过程，从投入到效率，依照"环境—个体—过程—绩效"的经典范式，详细分析了宏观制度环境的变迁对微观层面的个体在决策上的影响，是否对管理者在创新投资上的决策产生促进作用，同时分析了当企业和管理层处于不同的情境时管理者在这种行为上的决策是否发生改变，更加深刻清晰地了解了融资融券对企业创新投资的影响作用。其次，创新是一个复杂的过程，投入的增加并不一定代表创新水平的提升，因此基于对效率的宏观理解，从创新投资的合理程度、收益程度和配置程度更进一步地探讨了融资融券制度对创新的影响，通过对投入后续结果的检验，更加清晰、直观地呈现出企业创新行为发生变化的整个过程，也使本书的研究结论更加可靠。

第二，丰富地拓展了相关领域的文献。首先，丰富了管理层创新行为研究的相关文献。前述对公司创新的影响主要集中在公司层面特征、市场层面特征和国家政策特征等多个方面，鲜少有文献涉及融资融券交易这一新放松管制政策对企业行为尤其创新行为的影响，有助于更全面更深刻地理解融资融券机制的影响。其次，丰富了有关公司治理研究的相关文献。与以往讨论的公司治理机制不同，融资融券作为一种市场外的治理渠道，其影响和约束着管理层的行为，为外部治理机制对公司行为的影响提供了新的证据。最后，研究拓展了融资融券交易在证券政策与公司收益作用方面的文献。当前已有大量的文献探讨了融资融券交易活动在股票价格和收益方面的作用，然而关于融资融券对公司决策方面的研究还相对有限，本书的研究为证券政策影响公司收益提供了文献支持。

1.1.2.2　实践意义

我国对融资融券交易制度的尝试是完善资本市场制度的一个重要步骤。虽然我国资本市场的起步较晚，但是当前其正经历一个逐步发展完善的过程，研究融资融券对企业创新投资及效率的影响，不仅对我国更加全面、准确地开展融资融券工作有启示作用，对企业创新决策的制定也有重要的实践意义。具体体现在以下两个方面：

第一，有利于提高企业创新决策的科学合理性。从宏观方面来说，基于中国特殊的制度背景，实证研究了制度环境对创新投资的影响，为上市公司的创新战略优化提供实证证据，对于提高企业创新决策的合理性，更好地促进企业价值增长具有重要的指导意义。从微观方面来讲，基于企业和管理层的异质性特征，研究了融资融券对创新投资的影响，并对创新投资产生的效率进行了多维度分析，据此能够以更加科学、合理的方式帮助企业制定高效的创新决策。

第二，为我国实现经济成功转型提供了一些有启示性的政策性结论。首先，可以为我国政府继续推进融资融券机制的制度建设、金融创新和市场扩容工作提供经验指导，对推进多层次融资融券机制的构建和市场体系的完善提供现实依据；其次，为有重点、分层次进行标的股票的选取提供借鉴，相关机构可以根据产权性质、行业属性、治理环境和管理层特征等多个因素率先选取标的上市公司，以达到融资融券治理作用的最优化。

1.2　相关概念界定

本书的研究主要涉及以下几个基本概念：融资融券、创新投资、创新投资效率、异质性。本书通过认真梳理已有学者的研究给出本书的相关概念界定。

1.2.1　融资融券

2010 年我国股票市场的"单边市"交易正式结束，融资融券制度在我国正式实施。融资融券交易既包括借入资金买入的融资交易，也包括借入证券卖出的融券交易。融资交易也称为买空交易，即在股票价格处于低位的时候借钱买入股票，当股票价格回升后将买入的股票卖出，偿还借入的资金。融券交易也称为卖空交易，具体来讲，在投资者没有股票且股票处于高位的情况下，其判断股票价格将会有下跌的趋势，这时投资者会从经纪人手中借入该股票卖出，在低位时将股票买回偿还给经纪人卖出的股票，从中间赚取差价。融资融券的实施是我国资本市场上的一次重大制度创新。融券交易有两种主要的形式。一是以现行市价卖出股票，在股票价格下跌时补进，赚取中间的利润差；二是卖空者现在不交付股票，为了防止未来股票价格的下跌，以卖空的方式把股票出售出去，起到保值的作用，避免产生损失。

在 2010 年之前我国的股票是不允许卖空的，2010 年 3 月 31 日之后，资本市场才开始有融券交易这一说，公司的股票才可以被卖空。本书更多考虑的是第一种形式的融券交易。投资者如若挖掘到公司的负面信息，或者发现公司的管理层进行了有损于公司长期利益的行为，预期到公司的股票有下跌的风险，会卖空股票，对管理层形成监督和压力，从而对管理层的行为产生约束。我国的融资融券交易是分步扩容的模式，鉴于我国资本市场融资融券交易的特殊性，本书的融资融券主要有两个方面：一是企业是否是融资融券标的企业能否进行融资融券的交易；二是融资融券交易的数量，包括融券卖出的股票数量和可进行融券交易的股票数量。

1.2.2 创新投资

经济学家熊彼特指出，创新就是新的生产要素或生产条件在生产体系中进行重新组合的过程。创新是微观企业的一项重要活动，对提高企业的核心竞争力、促进企业的长期健康发展具有重要的作用。依据创新价值链对创新的阐释，创新包括创意的产生、创意的转化和创意的扩散三个阶段，每个阶段都离不开资金的支持，因此创新投资是创新活动中重要的一个组成部分。创新投资是企业为了增进已有的技能和知识，使用这些技能或知识进行新的整合、发明新的用途进行的投入（王昱，2015），它是企业进行创新活动的前期阶段和基本保障。当然，由于市场结构以及预期收益等多方面的原因，并不是所有的企业都会进行创新投资，企业会综合其所处的内外部环境确定是否进行创新投资的决策。

2007 年我国开始实施新的会计准则，准则要求在财务报表中应单独对反映公司当年创新投资情况的项目进行披露。一般来说，企业的创新投资包括在企业进行创新的过程中发生的与其相关的所有支出，包括在创新活动中直接发生的费用和以合理的分配基础计入的费用。企业在产品、技术、标准、工艺等各个过程中发生的费用都属于创新的投资。

1.2.3 创新投资效率

创新是存在经济后果的，这一点也不缺乏经验证据的支持（韩鹏、岳园园，2016；郑玲，2013）。创新投资作为创新活动的投入环节，其必然会有相应的产出，即创新投资会产生一定的经济后果——创新投资效率。创新效率是创新活动的重要评价内容，现有对创新效率的分析多从产业和区域的角度，然而微观主体的创新效率提升具有操作层面的可行性，只有微观主体的创新效率提升了，产业乃至国家的创新驱动发展力才能够形成。我国在 1986 年就开始制定国家的科技统计制度，主要通过统计、评价等各种方法观察大中型科技企业创新活动的效率变化，以期不同行业和不同企业之间创新效率的差异为后续的创新发展活动提供重要的支撑和依据。对企业创新问题的关注除了单一的投入、产出视角以外，也逐渐开始从创新或研发的效率视角进行分析。

最初对效率的研究主要是指经济效率，狭义的经济效率是指当前所拥有的技术水平，在固定的投入下尽可能得到更多的产出。创新效率，从宏观上看，是人们通过自身及世界认知与行为的不断拓展进而满足人类的需求。从狭义上讲，是企业在进行生产经营的过程中，在创新投资一定的情况下获得更多的创新产出，或在创新产出一定的情况下实现尽可能小的创新投资。当前经济学对效率进行了不同的理解，主要有两种基本的形式：第一种，效率是指经济活动的主体在资源配置上的有效程度，配置程度越高说明效率越高；第二种对效率的理解则具体到了劳动时间的配置上，即活动主体对劳动时间的配置是否是有效的，有效度越高则效率越高。一般来说，如果经济主体在对资源进行配置的过程中能够达到较高的有效度，那么研究对象的投入产出水平也相对较高，相对的经济行为便会产生较高的效率。从对效率的第二种理解上来看，在对劳动时间进行配置的过程中，如果一定数量的产出只需要花费更少的时间，或者一定的时间能够获得更多的产出，研究对象的经济行为也是更有效率的。本书对效率的研究中，主要考虑经济活动的主体对创新资源配置的有效程度，聚焦于创新投资的效率。企业的创新行为是发生在进行创新活动的过程中，在企业创新过程这一框架下，投入可以用研发资金的投入来衡量，而产出则表现为企业专利的申请量和专利的授权量等方面。因此，企业的创新效率与创新投资是密不可分的。企业的创新活动是一个极其复杂的过程，需要管理层以及相关的专业人员进行大量的信息搜集，研究项目的可行性并最终对创新项目进行投资管理。在确定了创新决策之后，概括来讲，企业的创新行为就变成了企业的管理层将资金在不同的创新项目之间进行配置，这些资金配置的效率越高，同样的资金获得的收益越多，企业的创新效率相应的也会越高。当对企业创新资金的配置达到帕累托最优水平时，企业创新投资的效率也是最优的。

企业投资作为与企业生产过程紧密相关的行为，其兼具经济效率和企业经营的特征（刘放，2015）。创新是企业一种特殊的投资行为，具有企业投资所拥有的特征。因此创新效率也不仅具有经济效率的特征，还表现出一定的微观经营特征。通常来说，企业的创新效率主要表现在如下几个方面：一是企业创新投资的合理程度。根据企业自身的经营状况，企业会根据其发展的需要设定一个预期的创新规模。如果企业实际的创新规模与预期的创新规模存在差异，这就表示企业的创新行为是低效率的。具体来说，如果创新的投入大于预期的投入，这表明企业的创新投资过度；如果创新的投入小于预期的投入，这表明企业的创新投资不足。二是企业创新投资的收益程度。企业进行创新活动的根本目的是促进企业产出的增加，那么企业创新活动中投入的资源所产生的收益水平的高低可以作为企业创新效率的标准。三是企业创新过程中投入资源其配置的有效程度。也就是说同时从创新的投入和产出两个角度来衡量企业的创新行为，判断企业是否以更小的创新投资获得了更大的创新回报。借鉴已有文献的研究结合上述的分析，本书从以下三个方面衡量创新投资的效率。①创新投资的合理程度，在创新投资的过程中，是否缓解了企业创新投资不足的现状，且没有增加企业创新投资过度的概率；②创新投资的收益程度，创新投资会有多种形式的收益，本书主要从专利申请总数量和专利授权数量来考量；③创新投资的配置程度，即创新投资的投入产出情况，通过 DEA 方法逐年计算得到。

1.2.4　异质性

异质性是最先出现在遗传学中的一个概念，后来逐渐被运用到其他各个领域。管理层是企业创新决策的制定者，根据企业的内外部情况决定是否创新以及创新的程度，因此本书在考察融资融券对创新投资及效率的影响过程中主要纳入企业层面和管理者层面的异质性特征。

新古典经济学基于企业同质性假说，但实际上企业都是动态发展的，企业之间存在异质性，异质性是微观层面最重要的特征之一（Heckman，2005）。企业异质性主要是指不同企业拥有不同的资源和能力。易靖韬（2015）从规模和负债两个方面考察了企业的异质性，虞义华等（2017）从是否为高科技企业、产权性质、规模、企业成熟度和企业所处市场环境 5 个企业层面的异质性特征考察了发明家高管与企业创新之间的关系。借鉴易靖韬（2015）、虞义华等（2017）对企业异质性的理解，本书中用到的企业异质性主要从产权性质、是否属于高科技行业、治理环境、融资约束程度和企业所处的市场环境这几个方面考虑。

管理者的异质性是指不同的管理者具有不同的特质和能力。年龄、性别、学历等都是管理者异质性的一部分内容。对失败的容忍、对风险的承担是决定创新的关键因素，基于企业创新投资的特征，本书选取管理层过度自信和管理层任期两个因素进行进一步考察，当然管理者任期包括既有任期和预期任期。

1.3 研究内容与研究框架

1.3.1 研究内容

全书共分为 7 章，各章的内容如下：

第 1 章，总论。本章首先提出了选题背景与研究意义，其次对书中涉及包括融资融券、创新投资等主要的相关概念进行了界定，之后阐述了研究内容和研究框架，最后指出了本书的研究方法和主要创新之处。

第 2 章，制度背景与文献综述。融资融券是我国资本市场的一项重大制度创新，针对本书所要研究的内容和主体，在对国外融资融券制度进行回顾的基础上，本章首先对我国融资融券的准备工作和融资融券的分步扩容工作进行了阐述；其次分别对企业创新影响因素和融资融券经济后果的相关研究进行了回顾与梳理，并将当前已有的文献进行述评，为本书后续的研究奠定了基础。

第 3 章，融资融券影响企业创新投资及效率的相关理论基础。本章在通过创新理论对创新投资及效率进行阐述的情况下，综合运用信息不对称理论、委托代理理论和高层梯队理论，探讨了在中国相关制度不尽完善的背景下企业创新投资及效率存在的问题，指出管理层很难被有效监督，存在短视和机会主义行为，会抑制对创新的投资，影响创新的效果和效率。

第 4 章，融资融券对创新投资的影响。本章系统分析了在企业进行创新投资的过程中，融资融券机制所发挥的监督治理作用。以 2007 ~ 2016 年可进行创新投资的 A 股上市公司为样本，利用 DID 模型通过 Logit 回归检验了融资融券是否能促进企业创新投资的披露或促使企业开展创新投资活动，并检验了融资融券是否能对创新投资数额产生显著作用，结果发现融资融券标的公司有更大的可能披露或开始进行企业的创新投资，且融资融券的实施促进了创新投资的数额的增加。进一步地，通过倾向得分匹配（PSM）方法，为实验组的样本进行一对一的匹配，得到匹配后的样本，对新得到的样本数据重新进行了前述的检验，发现结论保持不变；同时本章进行了相关的稳健性检验，对融券已交易量和可交易量对创新投资的影响、改变融资融券变量定义后融资融券对创新的影响等进行了进一步的检验，证实了结论的可靠性。

第 5 章，异质性视角下融资融券对创新投资的影响。本章在研究融资融券制度促进企业创新投资的基础上，从企业特征和管理层特征的视角进一步分析融资融券制度对创新投资的不同影响。当企业为非国有性质、高科技行业时融资融券能发挥更显著的作用；当企业审计师为非国际四大、所在地区市场化程度较高、融资约束程度更高时，融资融券对创新投资的激励作用更大，而分析师跟踪因素的考察并没有被验证，与预期相反，发现分析师跟踪人数多的时候融资融券的作用反而更显著。从管理者特征的视角研究发现，管理者非过度自信以及管理者的既有任期较长时融资融券会对创新投资发挥监督治理作用，而管理者预期任期不同时企业的创新投资无显著变化。

第 6 章，融资融券对企业创新效率的影响。本章以 2007 ~ 2016 年可以有专利申请数量的 A 股上市公司为样本，继续利用 DID 模型检验了融资融券对创新投资的合理程度、创新投资的收益程度和创新投资的配置程度等效率形式的影响。发现融资融券使企业创新投资不足的可能性显著降低，但不会显著增加企业创新投资过度的可能性，即融资融券促进创新投资的范围是合理的；融资融券对企业的实质性专利即发明专利的申请具有显著的促进作用，与策略性专利申请数量即实用新型和外观设计专利申请呈现不显著的负向关系，因此融资融券对企业专利申请总数量的关系不确定；从资源配置程度来看，融资融券促进的创新投资和收益的增加产生了良好的配置效率，促进了企业创新投入产出的效率提高，用 DEA 方法逐年计算出来的效率值有显著的提升。

第 7 章，研究结论、政策建议与展望。本章对前面章节所研究的内容和结果进行归纳和总结，得出本书研究的主要结论，并结合中国所处的转型经济时期具体的国情，提出在融资融券实施及分步扩容的过程中应关注的问题，并提出有效利用融资融券功能促进企业创新投资和效率提升等几个方面的政策建议,最后阐明了本书存在的不足以及未来的研究思路和研究方向。

1.3.2　研究框架

现有关于企业创新投资的研究主要从三个方面进行:一是把创新投资作为企业投资方式的一种特殊形式,研究企业创新投资水平如何受各种因素的影响;二是从企业是否从事创新投资活动的视角分析其受到的影响;三是分析包括专利申请、专利授权以及效率等产出形式的影响(钟凯等,2017)。基于已有对创新投资的研究视角和分类,本书总体上按照"文献回顾及述评→理论分析→实证研究→研究结论"的思路展开研究。

在文献研究中,本书将通过对已有的关于融资融券和企业创新的文献进行回顾梳理和述评,找到现有的关于融资融券制度对企业创新行为及创新效率的影响文献中存在的不足之处,在此基础上提出本书要回答和解决的主要问题。

第一,融资融券制度在我国是如何发展的?更进一步,融资融券制度怎样影响企业的创新行为?

第二,以2007~2016年中国A股上市公司为实证研究对象,分析融资融券制度将如何影响管理者的决策使创新投资发生改变。

第三,创新投资是企业的一项重要财务活动,是管理者在考虑企业具体境况的前提下做出的决策,其也会因为管理者的不同特征有所改变。因此在分析融资融券制度对企业创新投资影响的过程中,依据影响机理和创新的特点,利用管理层的异质性特征——管理者过度自信和管理者任期研究融资融券对企业创新投资的影响是否会发生变化,同时也从企业所处的情境如产权性质、行业属性、治理环境、融资约束程度、市场化程度方面做了详细分析。

第四,进一步地,融资融券制度是否会对创新投资的效率产生影响?是否使企业创新投资的效率和创新质量得到提升?

在考虑如上所要解决问题的基础上,依据产业经济学理论中的SCP(结构—行为—绩效)范式,参照已有的相关文献(康飞,2012;胡元木、纪端,2017),把宏观的研究范式切入企业的微观层面,构建了

"引入融资融券制度—企业创新行为—企业创新效率"的研究框架，如
图 1-4 所示。

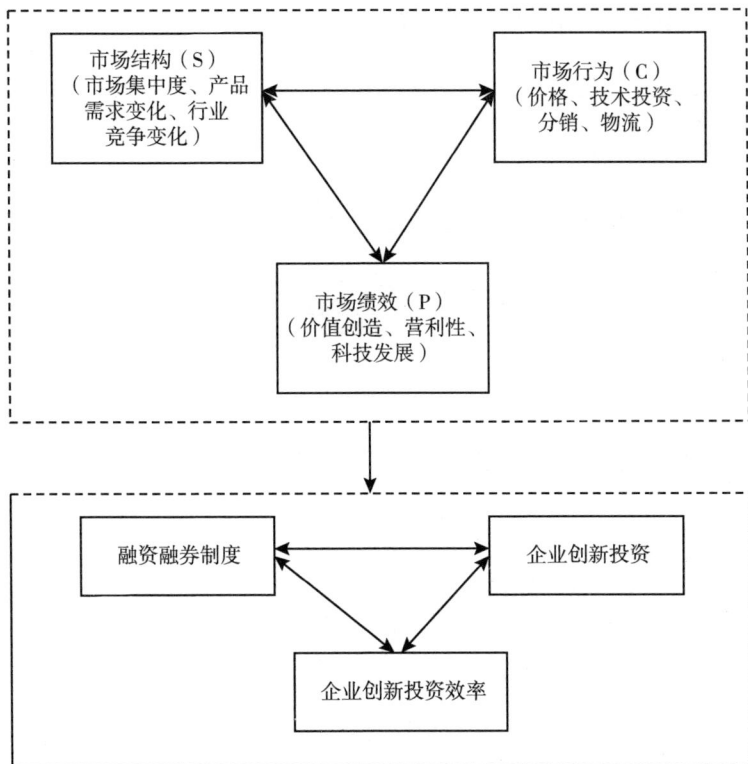

图 1-4　逻辑框架

　　具体地，在理论分析中，本书将从信息不对称理论、委托代理理论
和高层梯队理论出发，指出管理者是有限理性的，在进行创新决策的过
程中存在短视现象。这些理论为后续研究融资融券通过缓解委托代理和
信息不对称问题减少管理者短视或机会主义行为，进而对创新发挥治理
作用的实证奠定了基础。

　　在实证研究中，本书将首先实证检验引入融资融券制度对企业创新
投资的影响。其次从企业异质性和管理者异质性两个视角对前述的研究
进一步分析。前者将检验产权性质、是否属于高科技行业、治理环境、
市场化程度、融资约束对融资融券与企业创新之投资间关系的影响，后

者将检验管理层过度自信、管理层任期视角下融资融券制度对企业创新投资的影响。最后从创新投资效率的三个层面考察融资融券对效率的影响，以更好地了解融资融券的作用，包括创新投资的合理程度、收益程度和配置程度。本书研究思路如图 1-5 所示。

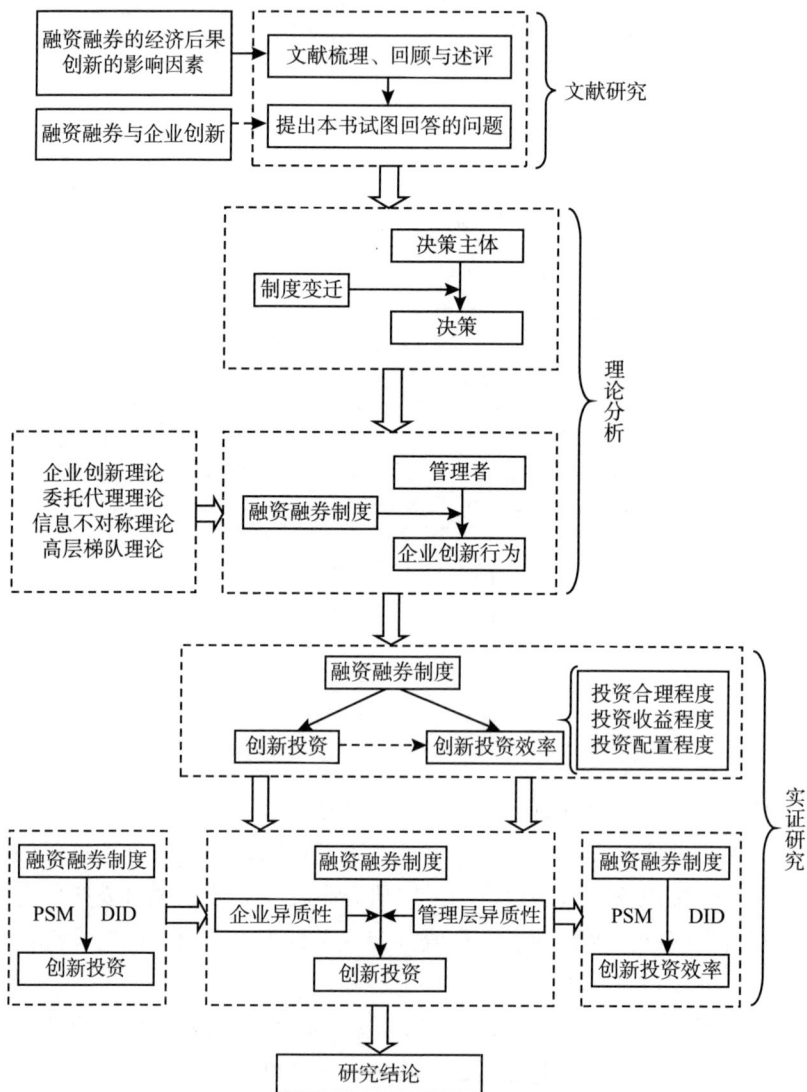

图 1-5 本书研究思路

1.4 研 究 方 法

1.4.1 文献分析与理论推演

本书通过中国知网、Elsevier、EBSCO、Wiley Online Library 以及百度学术、谷歌学术等多个数据库，搜集了国内外大量相关中英文文献。在认真研读文献后，对文献进行分类整理、归纳总结，准确把握相关领域的研究脉络。本书的第二章为制度背景介绍以及相关文献的研究综述，通过对企业创新理论、委托代理理论、高层梯队理论等的阐述，对融资融券产生的现实背景以及融资融券和企业创新行为的相关研究进行回顾，了解与本书相关的研究前沿，通过对已有文献的梳理，评价该主题的研究现状，找出研究的不足，在此基础上获得本书的研究切入点，明确研究的价值意义，为研究假设的提出奠定了坚实的基础。

1.4.2 实证分析

以 2007 ~ 2016 年 A 股上市公司为研究对象，综合运用描述性统计、相关性分析、数据包络分析（DEA）、双重差分模型（DID）以及倾向得分匹配（PSM）等方法，对融资融券制度的实施与企业创新投资之间关系以及在诸如融资约束、产权性质、市场化程度等企业层面的特征和诸如管理者过度自信和管理者任期等管理者层面特征的异质情境下上述关系的变化进行了实证检验，同时从三个维度分析了融资融券对企业创新投资效率的影响，对实证结果进行了阐述和讨论，以期为我国资本市场上金融政策制定者和公司的战略决策提供政策指导和现实依据。为了保证实证检验的有效性，本书所有的数据计算分析工作均是通过 Excel、Stata 13.0 和 DEAP 2.1 等数据分析软件完成的。

1.5 主要创新点

本书的创新之处主要如下：

第一，在中国的资本市场上，融资融券业务采取了逐步放开、分步扩容的步骤，即可卖空股票与不可卖空股票并存，本书利用这一准自然实验可以相对准确地衡量出融资融券对企业创新投资及其效率的影响，为融资融券的制度实施效果提供新的效用检验途径和范式。

第二，从多个角度对现有文献进行了拓展和补充。①本书揭示了融资融券对于促进我国企业创新及实体经济发展的重要作用，丰富了有关融资融券领域的文献。大量的文献研究了融资融券尤其是融券（卖空）业务的引入对股票市场的影响，较少关注其对公司行为尤其是公司长期行为的影响；只有少数文献发现卖空会增加企业的创新专利产出（王立威，2016），提升创新的效率（权小锋，2017）。本书发现，融资融券促进了我国上市公司的创新投资并产生了良好的后果，丰富了融资融券经济后果方面的文献。②本书从另一新的视角揭示了融资融券提升企业价值的途径，丰富了公司治理方面的文献。融资融券的外部治理作用提出以来，不少学者对其进行了实证研究，但并没有给出其影响企业价值的具体途径，创新与企业价值密切相关，从本书的结论可以看出，提升企业的创新绩效是融资融券提升企业价值的途径之一，丰富了公司治理方面的文献。③本书的结论从新的视角丰富了有关企业创新因素方面的文献。已有文献从企业层面、市场层面和国家层面研究了企业创新的影响因素，鉴于我国融资融券制度的引入时间较晚，鲜少有文献关注融资融券这一资本市场中介发挥的作用。同时，本书突破了同质性假设的局限性，结合企业和管理者不同的情境从外部政策变更视角分析了制度环境的变化对公司创新投资行为的影响，丰富了公司创新研究的分析视角。

第三，本书的结论可以为上市公司、投资者以及监管机构等提供现实依据。我国股票市场的发展相对西方国家较晚，融资融券制度在我国自 2010 年 3 月 31 日才开始实施，其作为资本市场上的制度创新，是一个新兴的事物，虽然我国在前期进行了较长时间的准备工作，但其是否能发挥应有作用还需经过进一步检验。本书的研究把资本市场的融资融券制度与微观企业的决策行为有机结合起来，为融资融券制度的效果检验与后期发展提供了实践经验的借鉴，可以促进融资融券的建设和扩容工作稳步进行，保证其充分发挥外部治理作用，提高微观企业的发展质量并最终实现提升市场运行效率的效果。

第 2 章　制度背景与文献综述

本章的主要内容是阐述我国资本市场上的新兴机制——融资融券制度的发展历程，同时对与本书相关的内容进行文献综述。基于研究的需要，本章分别从融资融券的发展、融资融券制度相关文献、创新影响因素相关文献和融资融券与创新的相关文献四个方面进行了制度背景的简介和相关文献的梳理、归纳，据此对相关问题的研究现状予以总结和评价，从而挖掘得到本书的切入视角，为后续的分析奠定良好的研究基础。

2.1　融资融券的发展

从全球范围内来看，融资融券制度并不是一个新兴的事物，其在一些发达国家已经有了较长时间的发展，随着股票市场产生于 17 世纪。然而在我国，融资融券制度远远晚于股票市场的发展，直到 2010 年才开始在沪深两市正式试点启动，之后经历了逐步扩容的过程，现在正在不断发展完善中。融资融券是一项基本的信用交易制度，既包括借入资金买入证券的融资交易也包括借入证券卖出的融券交易，通俗来讲就是借钱买证券和借证券卖出。对我国的资本市场来说，融资融券是一项重要的制度和金融创新。纵观其发展历程，融资融券制度在国外已经得到了较好的发展，以欧美模式和日本模式为主要代表。虽然我国的"单边市"交易机制结束的时间比较晚，但在借鉴国外发展的基础上结合国内的基本国情经过较长时间的酝酿和准备，融资融券在我国的资本市场上也有了一定程度的发展。本章将分别从融资融券在国外的发展和融资融券在国内的发展两个方面详细说明融资融券制度的发展情况。

2.1.1　融资融券在国外的发展

　　融资融券业务最先开始于西方国家的股票市场，紧随股票市场而出现，是海外证券市场一种普遍成熟的交易制度。国外融资融券主要以两种模式存在：一是以欧美为代表的分散信用模式，客户的资金和证券由券商等金融机构提供；二是以日本为代表的集中信用模式，资金和证券由专门的证券公司提供。国外对融资融券的研究多集中于融券方面也即卖空机制。

　　美国是最先开始融资融券的国家之一。在 1929 年全球金融危机爆发之前，美国并没有关于融资融券的法律法规，但由于该交易的相关参与者在经济危机中蒙受了重大损失，因此美国政府在 1934 年颁布了《证券交易法》，对融资融券交易做了最基本的规范。到了 1963 年，根据美国国会的要求，为了真实地了解卖空对日后股票价格的影响，美国证券交易委员会（SEC）对证券市场的卖空机制做过一次评估，结果发现卖空的监管规则并不是完全有效的，应该加强对卖空交易的监管。1976 年，SEC 对卖空机制进行了又一次的评估，以了解卖空在整个市场中产生的影响以及卖空监管的有效性如何为目的，调查结论与 1963 年的状况基本一致。到 20 世纪 90 年代，对冲基金的迅猛发展直接推动了融券交易量的上升，1991 年，美国国会针对融券交易出台了研究报告，报告一方面肯定了卖空机制对证券市场的重要作用，另一方面建议继续加强对卖空的监管。进入 21 世纪后，SEC 针对融资融券交易中存在的诸多问题，对市场的卖空交易采取了一系列的规范措施。2004 年，美国证券交易委员会制定并通过了 SHO 法案，即裸卖空禁令（裸卖空指的是卖家在还没有借得股票之前就开始售股，然后在售股后一段时间内买入平仓，会导致股票短时间内大跌），2004 年 9 月 7 日该法案生效，2005 年 1 月 3 日开始正式实施，2009 年 7 月 1 日，SEC 对 SHO 法案进行了修改，2010 年 SEC 对 SHO 法案做了进一步的修改。之后，根据市场的反应，SEC 对卖空的禁令行为也进行了反复的调整，如美国资本市场在 2005 ~ 2007 年放松了对某些股票的卖空限制；2008 年 2 月，SEC 颁布了卖空禁令，监管者认为无约束的卖空是股市下跌的重要原因；2008 年 9 月，SEC 又临时限制了近 1000 只股票的卖空交易等。融资融券交易主要受美联储和证券交易委员会（SEC）的监管，同时也受到交易所、行业协会以及其他团体等自律组织的监管。

日本是东亚国家和地区中最先引入融资融券制度的国家，在 1951 年开始推行融券即卖空交易。1954 年，日本颁布《证券交易法》，证券金融公司成立，卖空机制正式开始实施。1955 年，日本对《证券交易法》进行了修改，旨在加强对证券金融公司的监管，使融资融券交易进一步规范。20 世纪 70 年代中期以后，随着日本债券市场的发展，股票融资融券交易规模不断降低，到 20 世纪 80 年代末跌至最低值，因此 1997 年相关机构对融资融券保证金的比例进行了大量修改。在日本，只有国家专门设立的具有垄断地位的证券公司才可以进行融资融券交易。融资融券业务的监管机构主要有三个：一是大藏省，作用与我国的证监会类似，是日本的证券监管机构；二是金融厅，有权利用各种信用交易监管工具对证券市场进行广泛的监管；三是日本证券交易监视委员会，其成立于 1992 年，主要负责日常事务的监管，如违规行为调查、信息披露调查等。同时融资融券业务也受到证券公司和证券业协会等自律组织的监管。

2.1.2 融资融券国内的发展

2010 年 3 月 31 日，我国的融资融券业务正式启动，资本市场的"单边市"市场交易模式正式结束，市场功能得到进一步的完善。与普通的证券业务有所不同，融资融券业务并不需要足额保证金，只需缴纳一定比例的保证金，风险也不全由投资者承担，而是投资者和证券公司共同分担。融资融券在我国的发展经历了较长时间的酝酿和准备，经过联网测试、试点、扩容等阶段，现已逐步转入常规化业务。截至 2016 年底，我国融资融券余额规模达到 9392.49 亿元，其中融券余额规模达到 34.79 亿元，总体上是融资余额远大于融券余额①。具体来看，我国融资融券业务的发展主要经历了以下几个阶段：

2.1.2.1 酝酿准备阶段

2006 年 6 月 30 日，证监会颁布《证券公司融资融券试点管理办

---

① 资料来源：国泰安数据库，整理后得到。

法》，融资融券业务正式纳入证券公司业务范围。《证券公司融资融券业务试点内部控制指引》《融资融券等新业务技术实施指引》《上海证券交易所融资融券交易试点实施细则》《融资融券合同必备条款》《融资融券交易风险揭示书必备条款》都在 2006 年随后的时间里相继颁布。相应的细则和条款都为后续融资融券业务的发展奠定了法律基础。2006 年 8 月 1 日颁布《证券公司融资融券业务管理办法》对融资融券业务进行了详细的说明。

2.1.2.2　联网试点阶段

融资融券业务正式试点启动之前，经过了由上海证券交易所、深圳证券交易所和中国证券登记结算有限责任公司组织的全网测试。第一次测试时间是 2008 年 10 月 25 日，第二次测试时间是 2008 年 11 月 8 日，第三次测试时间是 2010 年 1 月 30 日。联网测试的顺利进行，为融资融券业务的试点启动做好了充分的准备，并据此确定了试点券商的名单。

2009 年，融资融券的准备工作基本完成。2010 年 1 月 8 日，国务院同意开展融资融券业务；同年 1 月 22 日，证监会发布《关于开展证券公司融资融券业务试点工作的指导意见》，指出融资融券业务的开展要按照"试点先行、逐步推开"的步骤有序进行，要求根据深交所、上交所和中国证券登记结算公司组织的技术系统全网测试结果，择优确定首批试点证券公司。试点证券公司则根据《证券公司开展融资融券业务试点管理办法》对申请试点的企业进行审核审批，审批完成后才有可能成为融资融券标的企业。借鉴其他成熟股票市场选择融资融券标的证券的做法，对融资融券标的股票的选择主要有如下的标准：基本面指标（上市交易满三个月、未被实行过特殊处理、已经完成股权分置改革）、流通规模指标（融资买入标的股票流通股本不少于 1 亿股或流通市值不少于 5 亿元，融券卖出的标的股票流通股本不少于 2 亿股或流通市值不少于 8 亿元）、流动性指标（三个月内的平均日换手率不低于基准指数的 20%）、波动性指标（日涨跌幅的平均值不能与基准指数有超过 4% 的偏离、波动幅度不能超过基准指数幅度的 500%）、集中度指标（股东人数不能少于 4000 人）。根据融资融券标的股票的选择标准，首批选取了 90 只股票进行试点，并在之后进行了陆续的扩容工作。

2.1.2.3 转入常规阶段

鉴于我国资本市场的具体情况，融资融券采取了"先试点、后推广"的策略，在首批 90 家标的企业之后先后进行了 5 次扩容工作。第 1 次扩容发生在 2011 年 12 月，融资融券标的股票新增 188 只，由最初的 90 只扩增到 278 只。2013 年 1 月，融资融券标的股票又有一次扩容，由 278 只增加到 500 只。2013 年 9 月进行了第三次扩容，沪市增加 104 只标的股票，总数达到 400 只，深市增加 102 只标的股票，总数达到 300 只，两市共计 700 只。第四次扩容发生在 2014 年 9 月，除去被调整出标的股票的企业，标的股票总共达到 900 只，占当时 A 股公司总数的 35.2%。2016 年 12 月扩容后，两市共增加融资融券标的企业 77 家，扣除两次扩容期间被剔除的标的股票，截至 2016 年底，两市融资融券标的股票数量共 950 家，其中上交所标的股票 525 只，深交所标的股票 425 只。表 2-1 呈现了融资融券标的股票历次扩容的基本情况。标的股票数量的不断增加以及融资融券交易数额的不断增长，都说明我国的融资融券业务正朝着良性方向发展，我国的融资融券业务正式转入了常规阶段。

表 2-1 历次融资融券标的股票范围

事件	新增标的股票数量	剔除标的股票数量	标的股票总数量
启动（2010 年 3 月 31 日）	90	—	90
第一次扩容（2011 年 12 月 5 日）	189	1	278
第二次扩容（2013 年 1 月 31 日）	222	0	500
第三次扩容（2013 年 9 月 16 日）	206	6	700
第四次扩容（2014 年 9 月 22 日）	205	5	900
第五次扩容（2016 年 12 月 12 日）	77	27	950

综上所述，我国的融资融券制度经历了酝酿准备、联网试点和转入常规等发展阶段，通过分步扩容的模式正逐步走向正轨。虽然融资融券的发展还不平衡，融资交易额远大于融券交易额，且受到市场效率和交易限制等多方面的影响，当前的发展还处在不成熟阶段，但融资融券制度正在资本市场上发挥其不可或缺的作用。

2.2　融资融券相关文献

2.2.1　融资融券对市场效率的影响

融资融券交易是证券市场上一种常见的交易方式。其预期主要承担四个方面的功能：第一，融资融券交易可以使股票价格融入更多的信息，投资者认为价格过高时可以融券卖出，认为价格过低时可以融资买入，将有利于稳定市场的内在价格；第二，融资融券交易在一定程度上使资金和证券的供求量扩大，证券交易的活跃程度会随之提高，市场的流动性会得到增强；第三，融资融券交易的开展标志着"单边市"交易模式的终结，投资者会因此获得一种规避市场风险的工具；第四，融资融券拓宽了证券公司的业务范围，资金和证券的配置方式增加，提高了证券市场上金融资产的运行效率。任何政策的实施效果都需要足够的时间来检验，融资融券业务也不例外，因此，自我国的融资融券业务开展以来，市场的各方面都随之发生了一系列的变化，融资融券对市场效率影响这一层次的文献也最为集中，主要表现在股票价格波动、股票流动性、股票定价效率以及市场稳定性等方面。

由于国外证券市场的卖空交易与股票市场基本同步，而后期多是SEC 根据具体的情境对股票的卖空交易进行限制或者再次放松等规定，因此利用西方资本市场股票进行的研究多从限制或放松卖空的角度进行，而我国对融资融券的研究则均从引入融资融券或卖空机制进行。

米勒（Miller，1997）提出了"股价高估"假说，研究了卖空的限制对股票价格的影响，认为卖空限制会使负面信息无法融入股票价格中，阻碍了市场的有效性，股票的价格极有可能被投资者高估。除此以外，学者的研究也进一步指出卖空限制会使股票回报产生较大的波动，而允许卖空或者放松卖空的时候股票的波动性会减小，这些说法在各国的资本上相应得到了验证。哈里森和杰里米斯坦（Hong Harrison & Stein Jeremy C，2003）的研究表明，卖空限制使股票价格不能快速吸收信息，信息反应不充分，容易造成股价的不稳定，出现暴涨暴跌现象；

格鲁利翁（Grullon，2015）通过对美国资本市场放松卖空限制的研究发现，放松卖空限制会导致股票价格的下跌，同时公司的投资也相应减少，对小企业和有可能被高估的企业这种作用更加明显。布里斯（Bris，2007）利用世界各地 47 个股票市场的面板数据分析了卖空限制对市场有效性以及个股收益分配特征的影响，结果发现卖空限制可以减小市场恐慌，市场回报的负偏度也随之减少，个股和市场回报均产生了较高的波动。伯默尔（Boehmer，2013）从可卖空公司股票具有更高频次的股价信息效率、融入了更多的公共信息、降低了财务报告中关于负面收益信息的公告漂移、改变极端事件上的分歧四个方面说明了卖空交易在股票价格发现过程中的功能和作用。伯默尔（Boehmer，2013）通过对美国 SEC 在 2008 年的卖空限制事件研究支持了流动性假说，卖空者作为交易知情者更加偏好大盘股交易，通过向市场释放流动性恶化的不利信号对股票的价格产生影响，使流动性需求者的交易条件恶化，降低了市场质量。贝伯和帕加诺（Beber & Pagano，2013）利用 26 个国家的 16491 只股票采用事件研究法和双重差分法研究发现，卖空限制损害了股票的流动性，抑制了股票的价格发现功能，在遭遇金融危机和股市下滑的过程中并未起到作用，无法有效支撑股价。

香港的股票市场上，卖空名单会经常被调整，只有列入名单的标的企业才可以进行卖空交易。埃里克（Eric C.，2007）利用香港股票市场的数据研究发现，卖空限制会使股票价格被高估，这与米勒的发现是一致的，当投资者意见广泛分散的时候，这种高估作用更加明显，同时当卖空交易被允许的时候，个股回报具有更高的波动和更小的正偏度。

在我国的资本市场上，虽然融资融券制度实施的时间不长，但其对价格波动等市场效率方面的影响也得到一定的体现。在实施融资融券制度之后，标的股票的价格波动率和振幅有了明显的下降，资本市场上股票价格的稳定性提高（李志生等，2015），股票价格发现机制得到了有效改善，股票的定价效率有了显著提高（李志生等，2015）。李科（2014）依照具体的案例进行了进一步的研究，通过构建对冲投资组合，利用白酒行业"塑化剂事件"研究发现，不能卖空公司的股票价格被严重高估，而融资融券的卖空机制则可以矫正高估的股价，进而提升市场的效率。陈海强、范云菲（2015）利用双重差分模型检验了融资融券对股市波动率的影响，整体上看融资融券降低了标的股票的价格波动率，但融资交易与融券交易之间存在非对称性，融资交易具有降低波动率的作用，而融券交易则会增加股价的波动率，由于我国股票市场上融资交易量远大于融券交易量，因此净结果仍然为负。融资融券在一定程度上可以平抑股票的波动性，并提升个股的流动性（杨德勇，2011）。肖浩等（2012）对我国股票市场的研究发现，融资融券业务的开展通过降低噪声交易、提升信息传递速度、降低盈余操纵和信息不对称性降低了标的股票的特质性波动。

但是我国股票市场的实证研究也并不全都支持融资融券制度所发挥的积极作用。褚剑、方军雄（2016）利用我国沪深 A 股数据分析了融资融券制度对股价崩盘风险的影响，研究发现融资融券的实施不仅没有缓解股价崩盘风险，反而加剧了股价的崩盘风险，这是由我国资本市场同时实施融资和融券交易且融资交易比例显著高于融券交易比例造成的。还有研究认为卖空机制是"危险"的，原因是卖空是一项投机行为，会造成股票价格的下行压力，进而影响金融市场的稳定性。因此，2007~2009 年爆发的全球金融危机中，世界各国的监管者都陆续限制卖空交易以应对危机（朱海鹏，2009）。

当前也有越来越多的研究在卖空对市场反应的基础上加入了更加具体化的情境。因此，卖空机制对股票收益的作用也会受到其他因素的影响，如把"市场情绪说"和"股价高估假说"联系在一起。投资者的情绪会对卖空机制对股票收益的影响产生一定的调节作用，在存在卖空限制的情形下，投资者情绪高涨时价格高估会严重，而情绪低落时价格的低估却不会太严重（Stambaugh，2012）。当遭遇股市下滑的现象时，禁止卖空会损害股票的流动性，阻碍股票价格发现功能的发挥（Beber，2013）。金融危机对卖空的作用会产生一定的影响，危机前，卖空可以有效抑制股票价格的波动，危机中，卖空机制会加剧价格波动，危机后，卖空机制则无显著作用（翟爱梅、钟山，2012）。

综合前述文献来看，关于融资融券对市场效率的影响并未形成一致的结论。基于国外资本市场对卖空交易的研究居多，且卖空交易量成熟，交易量也相对较大，由于我国引入融资融券制度的时间有限，因此相关的实证研究还不够丰富，现有的研究多从企业是否可以进行融资融券或卖空交易进行，使用交易量的还相对较少。整体上看，融资融券制度的实施或卖空机制的放松可以使股票价格包含更多的信息，股价被高估的可能性降低，股票收益率的波动性减小，股票市场的流动性增强，市场效率也随之提升。

2.2.2 融资融券对企业行为的影响

已有的诸多文献主要研究融资融券制度或卖空机制对股票市场的影响，无论是积极的作用还是抑制的作用，其基于的基本观点是融资融券制度会通过信息的传递作用影响资本市场上的股票价格，市场对信息做出有效的反应，则会提高市场的效率，市场对信息反应过度的话，市场的效率会受到消极的影响，融资融券对企业管理人员的影响并不在考虑范围内。然而，融资融券是有可能对企业管理层的行为产生影响的。在融资融券标的企业，管理层感受到来自融资融券交易者的监督约束或价格压力后，其决策模式会发生改变，进而使公司的短期和长期行为都发生变化。包括盈余管理、现金持有、融资行为等在内的公司行为是现有研究重点关注的内容。

马萨（Massa，2015）实证检验了卖空交易作为一种外部治理机制对管理层行为的约束作用，结果发现盈余管理水平显著降低，同时还验证了卖空机制可以通过降低管理层的盈余管理水平从而提升了股票的价格效率。陈晖丽等（2015）从盈余管理的视角研究了融资融券对上市公司治理行为的影响，结果发现融资融券标的公司的真实盈余和应计盈余显著降低，同时市场化环境和内部股权结果会产生一定的调节作用。张会丽（2015）用盈余管理和两权分离程度表示公司的治理水平，实证检验发现公司治理水平较差的企业其被做空的可能更大，这也说明了融资融券制度在提高企业治理水平方面的作用。顾琪、陆蓉（2016）发现卖空者能够识别进行了盈余操控、会计信息失真的公司，通过活跃的卖空交易对管理层产生约束从而降低盈余管理的程度。陈晖丽（2014）另外从会计稳健性的角度分析了融资融券的治理作用，指出融资融券制度会影响企业的会计行为，提高企业的会计稳健性。二级市场上的卖空活动会影响企业管理层的自愿披露行为，解除卖空限制增加了股票价格对负面信息的敏感度，管理层以降低坏消息盈余预测的准确度来应对这一外生事件，维持股价的现有水平，同时当面临增长的卖空压力时管理层还会降低坏消息年度报告的可读性（Yinghua Li，2015）。卖空机制使盈余预测的乐观偏差有所降低，提高了盈余预测的准确性（李丹等，2016）。从财务重述的视角分析，卖空机制可增加激励合约的有效性、吸引更多的分析师跟踪，从而减少企业的财务重述（张璇等，2016）。

从企业现金持有的角度来看，放松卖空管制后企业的现金资产被侵占的可能性降低，企业的现金价值得到提高，且这一效应在第一大股东持股比例较高的民营企业中表现得更加明显（侯青川等，2016）。也有研究发现引入卖空机制显著降低了公司的现金持有（董捷等，2017），公司的现金—现金流敏感性也随之降低（李栋栋、陈涛琴，2017），对现金持有具有良好的治理作用。

马萨（2015）指出有效的卖空机制会在事前对企业的内部人产生强烈的威慑作用，提高内部人交易的速度和范围，间接提高了市场的效率。内部人会利用私有消息进行交易，卖空者作为其他知情交易者其交易活动会对内部人的交易产生一定的影响。在存在卖空交易的情形下，拥有私有信息的内部人拥有了竞争对手，其策略也随之发生改变，在卖空不允许的企业中，内部人如若持有未公开的不利信息会在消息公开前按计划卖出股票，在允许卖空的企业，内部人会担心卖空者也获得相同的信息，从而产生竞争加速内幕消息的公开，内部人卖出股票的价格降低，利益受到损害。因此，当存在竞争的时候，内部人会更多、更快地卖出股票，对价格产生较大的影响，提高了市场的运行效率。而张俊瑞（2016）出现融资融券标的公司中，内幕交易者的套利行为会增加。大卫（David，2014）等研究了卖空机制对高管激励合同设计的影响，其认为取消卖空约束会增加公司合约环境的下行风险，因此在合同设计的过程中要给予高管更多的股票期权，同时还要采取新的反收购条款。

企业的融资行为会因融资融券制度的实施发生改变。褚剑（2017）研究发现，当企业成为融资融券标的之后，银行会向其发放期限更长、担保更松、额度更大的信贷。顾乃康（2017）从事前威慑的视角探讨了卖空机制的引入对融资行为的影响，发现当企业允许卖空时，其权益融资、债务融资以及外部融资总额均明显减少了，卖空机制这一外部治理机制通过弥补内部治理水平的不足，规制着企业的融资行为。

总体上来看，无论是研究融资融券还是单独研究卖空机制，其均能发挥出外部治理的效应，减少短视，降低融资成本，使企业现金被侵占的概率下降，抑制管理层的盈余管理行为，对公司行为产生积极的作用。

2.3　创新影响因素相关文献

1912 年，美籍奥地利经济学家熊彼特率先提出了创新的概念，其核心思想是建立一种新的生产函数，认为创新有五种主要的形式：新产品的使用、新技术或新方法的扩散、新市场的挖掘、新组织的形成以及新原材料或半制成品的供应来源。后来人们将以上的五种方式依次归纳为产品创新、技术创新、市场创新、组织创新和资源配置创新。当前主要遵循从外部宏观环境到内部企业特征的逻辑对创新投资、创新产出和创新效率进行了相关研究，但多数文献中没有对投资、产出和效率有细致的区分，通常以创新统称。

近年来，企业创新成为学者、企业家等各界普遍关注的热点问题，田轩等（2017）通过对排名前三位的英文期刊的分析发现，从 2009 年开始出现了有关创新文章的浪潮，具体内容有：①公司层面的特征（包括内部特征与外部特征）对企业创新活动的影响；②市场经济的发展（包括产品市场竞争、银行竞争等）对企业参与创新活动的推动作用；③宏观经济层面的社会或国家特征（法律等发生的变化、金融市场的发展等）对创新的影响。虽然我国的制度环境有一定的特殊性，但对于我国企业创新的研究，其相应的理论及实证研究也基本遵循从宏观环境到中观政策到微观特征的脉络，涵盖了可能会对创新产生影响的各种要素。

2.3.1　公司层面的特征

公司层面特征主要包括风险投资背景、IPO 以及公司治理、薪酬计划等可以由股东掌控的因素和股东掌控范围之外的分析师报道、机构投资者等因素。

风险投资是企业融通资金的重要渠道。2015 年，我国的创业投资机构已达 1775 家，投资管理的资本总量达到 6653.3 亿元，占 GDP 的比重为 0.96%①。新创立的企业由于缺乏更多的抵押品和已有的信用记录，很难从常规渠道融到创新需要的资金，因此会更青睐于风险投资。科图姆等（Kortum et al.，2000）利用美国制造业企业的数据首次证实了风险投资对专利的正向影响。金永红等（2016）通过对我国创业板上市公司的实证检验发现，风险投资持股比例与创新投资有显著的正向关系，且风险投资公司的价值增值水平提高。企业风险投资的投资周期更长，短期经济回报也不是其追求的全部目标，对失败具有更强的容忍性，能在更大程度上促进企业创新。因此，拥有风险投资背景的企业风险承担水平更高，更热衷于创新活动，获得更多的专利数量（Chemmanur et al.，2014）。荀燕楠等（2014）对我国中小板上市公司的研究发现，政府、公司背景的风险投资对企业创新投资和专利有负向影响，外资风险投资可发挥正向促进作用。风险投资进入时期对创新也产生了不同效果（张学勇等，2016），在企业的初创期进入会促进创新投资的增加，发展期获得的风险投资对企业的创新投资和专利可产生显著的正向作用，而到了扩张期，风险投资反过来产生了抑制作用（荀燕楠等，2013）。

首次公开上市（IPO）会对企业创新产生一定的影响，虽然结论并不统一。一方面，有研究认为 IPO 会对创新产生不利影响。费雷拉等（Ferreira et al.，2014）从理论上指出上市企业会更多地开发已有创意，而私有企业由于向外界传递的信息较少拥有更高的失败容忍度，更愿意参与到创新活动中；高等（Gao et al.，2017）验证了费雷拉的结论，发现相比于上市公司，非上市的企业会进行涉及更多技术的探索式创新投资。阿加尔等（Aggarwal et al.，2014）实证检验发现，IPO 后公司的专利数量确实有所下降。另一方面，更多的研究证实了 IPO 对创新的积极作用。张劲帆等（2017）利用中国股票市场的研究发现，IPO 通过缓解融资约束、促进人才队伍建设显著增加了创新产出。阿查里亚等（Acharya et al.，2017）发现，在外部融资依赖的企业中，上市公司产生更多专利，但在内部融资依赖的企业中则无明显的作用。

企业发生并购活动其创新也会有相应的改变。塞鲁（Seru，2014）指出，进行了多元化并购后的企业创新投资和专利产出均有所下降。陈

---

① 资料来源：中国创业风险投资统计分析［EB/OL］. 科技部网络，2017 - 9 - 6，http：//www. most. gov. cn/kjbgz/201709/P020170906315017505184. pdf.

玉罡等（2015）指出，被并购后企业研发人员数量增加，但目标公司的创新投资和专利并未有显著变化。刘等（Liu et al.，2016）则发现企业的并购与其后续的创新产出存在正向关系，创新可能是其收购其他企业的一个重要动机。

创新包括材料的收集、战略的制定及计划的执行等过程，总经理作为企业最高管理者对创新负有全面的责任，因此，总经理或管理层团队的各项特征会对创新产生影响。管理层过度自信反映了管理层对风险承担的程度，对企业的创新发生作用。加拉索等（Galasso et al.，2011）指出过度自信的管理者更愿意追求高风险的创新项目，申请更多的专利。易靖韬等（2015）对 A 股上市公司研究发现，过度自信的管理者会加大对创新项目的投入和产出，提高创新投资的效率。王山慧等（2013）的研究则表明，管理者过度自信对创新投资的影响仅存在于高科技企业和国有企业中。松德尔等（Sunder et al.，2016）发现具有飞行员资格的 CEO 更愿意承担更大的风险，对创新的积极性更高，促进了专利数量的增加。另外，当管理者存在政治关联时，政治关联会产生资源诅咒效应，抑制企业的创新活动（袁建国，2015）；管理层的专业技术背景会提升决策的专业性，对创新投资产生促进作用（余恕莲，2014）。虽然管理层的群体行为是一个黑箱（李小青，2014），但学者也开始讨论其对企业创新的影响。团体断裂带作为管理层团体特征，对企业的战略决策产生影响（李小青等，2015），改变了企业的创新行为（李小青，2017）；管理层的另一群体特征——董事长—总经理的垂直对特征会影响企业创新的持续性（潘镇，2017）。

管理层激励会影响其决策方式和行为。绍尔曼等（Sauermann et al.，2010）通过心理实验发现，不同动机的激励导致不同的创新结果。曼索（Manso，2011）认为合理的创新激励契约能使管理层容忍短期的失败行为。如股权激励有助于提高企业的研发投入（肖利平，2016），而陈修德等（2015）指出，高管的货币薪酬与研发效率显著正相关，股权激励与效率呈倒"U"型关系。对于非 CEO 的其他员工的股权计划也能对企业创新的数量和质量产生正向影响（Chang et al.，2015）。高管与普通员工的薪酬差距也会对创新产生正向的影响（孔东民，2017）。董事会治理也会对创新产生影响。巴尔斯米尔等（Balsmeier et al.，2017）发现在独立董事监管后，企业在熟悉领域的专利数

量增加，但没有在新的领域投资创新项目。叶志强等（2017）验证了
独立董事比例对创新投资的促进作用。同时，独立董事的背景也会产生
影响，学术背景的独立董事通过咨询、传递信号增加了企业的研发投资
（沈艺峰等，2017），聘请技术独立董事会有更高的 R&D 产出效率（胡
元木，2012）。

除了管理层、董事会的治理，外部治理机制也会对创新产生影响。
如反并购条款，活跃的并购市场使企业更容易成为恶意并购的对象，管
理层不愿意开展创新活动，以免成为被并购对象。阿塔纳索夫（Ata-
nassov，2013）通过对比发现，没有反收购法律州的企业确实是拥有更
少的专利产出和引用数量。托马斯（Thomas，2017）通过断点回归的
方法检验发现反收购条款促进了企业专利数量和质量的提升。萨普拉等
（Sapra et al.，2014）则通过未来的并购溢价论证了外部并购压力与企
业创新之间的"U"型关系，随着并购压力的增加，企业创新投资先减
少后增加。何杰和田轩（He & Tian，2013）利用美国数据研究指出，
金融分析师为企业制造了更多的压力，管理者会放弃周期较长的创新项
目而追求短期的盈利，企业专利数量减少。陈钦源等（2017）利用我
国 A 股数据检验发现，分析师跟踪提高了企业的创新绩效，专利产出
量增加；且分析师声誉越高，创新产出越多（余明桂等，2017）。从机
构投资者来看，阿洪等（Aghion et al.，2013）发现机构投资者约束了
管理层的"恬静生活"行为，对创新有正向促进作用。罗等（Luong
et al.，2017）发现外资的机构投资者由于其更加活跃的监督、更加娴
熟的知识和更高的失败容忍程度，对创新作用更明显。温军等（2012）
基于我国的数据分析了机构持股与企业创新的关系，发现民营企业中机
构投资者持股促进了企业的创新，而在国有企业中会抑制创新。赵洪江
等（2009）未发现机构持股的显著作用。布拉夫等（Brav et al.，
2017）证实了对冲基金的目标公司有更多的创新投资和产出，效率也有
所提升。媒体也能发挥公司治理作用，非负面报道可以提升公司的创新
水平，负面媒体报道会降低创新水平（杨道广，2017）。

2.3.2　市场层面对创新的影响

创新作为企业的重要战略，可以提高产品在市场上的竞争能力，最

终提升企业的核心竞争力,因此研究市场层面的变化对企业创新的影响是非常有必要的。

基于产品市场竞争的视角,阿洪等(2005)率先验证了其与创新之间的倒"U"型关系。何玉润等(2015)从"行业内市场势力"和"行业间市场竞争"两个维度检验发现,产品市场竞争对企业研发强度具有促进作用,但在国有企业中作用较弱。塔科尔等(Thakor et al.,2015)利用生物制药公司的数据研究发现,当企业受到更多来自行业的竞争压力时,企业的研发投资会增加。其次,银行管制及其竞争性结构也会对创新产生影响。查瓦等(Chava et al.,2013)发现从国家层面放松银行管制会提高当地银行的市场力量,对创新产生负面影响,而从州的层面放松银行管制则会降低当地银行的市场力量,对创新产生促进作用。科尔纳贾等(Cornaggia et al.,2015)指出银行竞争会减少国有企业的创新,对私有企业的创新有促进作用。唐清泉等(2015)利用我国 A 股上市公司的数据得出了银行的竞争性结构对企业创新投资产生积极作用的结论。而张杰等(2017)基于当前中国银行异地市场准入管制放松的背景发现,银行结构性竞争对企业的创新产生了"U"型影响,当银行结构性竞争水平达到一定程度才会促进企业创新。南达等(Nanda et al.,2014)发现银行危机会降低企业创新的数量和质量。武力超等(2015)利用我国的中小企业研究表明关系型贷款促进了企业的创新决策。毛(Mao,2017)在控制了经济波动和当地经济条件的条件下,发现信贷市场的不同使企业有了不同的创新情况。方等(Fang et al.,2014)利用双重差分模型证明了股票市场的流动性阻碍了企业的创新。

资金是企业创新中面临的难题之一,税收是企业的一项重大支出,因此税收会对企业创新产生影响。企业的税收负担过重时,现金流较少,不利于企业的创新活动阿塔纳索夫和刘(Atanassov & Liu,2016)。用 DID 模型研究发现,当企业的税负加重时,企业的创新活动会受到抑制,公司新产品数量减少(Mukherjee et al.,2017)。黎文靖等(2016)的研究指出,税收优惠确实能够使企业专利申请数量增加,但在国有企业和非高新技术企业中,专利的增加多集中在非发明专利上。李维安等(2016)通过 2009~2013 年的民营企业的数据验证了税收优惠在很大程度上通过创新投资的中介作用提高了企业的创新绩效。我国当前正处于经济发展的转型期，政府对企业创新发挥着重要的作用，岳怡廷等（2017）指出，2007～2015 年上市公司创新资金主要来源呈现出"政府补助→内源融资→政府补助"的变动。政府补助对企业创新的作用主要集中于两个观点：一是诱导效应，政府为企业带来了充裕的资金支持，缓解了融资约束，企业的持续性创新投资增加（李健等，2016）；二是挤出效应，政府补贴资金给企业后，企业依赖政府资金放弃了自筹资金的想法，降低了创新的积极性，对创新的投资减少（吕久琴等，2011）。

2.3.3 宏观经济层面

企业不是独立存在的，它处在一定的外部环境中，因此企业的创新决策离不开宏观经济环境的影响。

创新是把无形知识落地的过程，因此知识产权与创新密不可分。威廉姆斯（Willams，2013）认为现存的知识产权使公司后续的科研和产品开发成果减少，对创新产生了不利影响。方等（2017）围绕产权基于中国的企业探讨了知识产权保护对企业创新的影响，结果发现国有企业私有化后创新有所提升，当知识产权保护程度更高时效果更加明显，知识产权对创新有正向激励作用。史宇鹏等（2013）利用中国规模以上制造业企业的数据研究发现，存在知识产权侵权时企业创新投资受到较强的抑制。吴超鹏等（2016）研究了我国知识产权保护执法力度对上市公司创新的影响发现，当执法力度增强时，企业的创新能力提升，企业研发投资和专利产出呈现增加的趋势。知识产权保护对创新效率的改进也产生了积极作用（李后建等，2014）。还有文献研究了劳动法、破产法等对企业创新的影响。如，阿查里雅等（Acharya et al.，2013）发现，更加严厉的解雇法刺激了企业的创新行为。阿查里雅等（2009）认为当破产法对债权人有利时，创新会受到抑制，而塞尔奎罗等（Cerqueiro et al.，2017）认为对债务人更强的保护会降低企业创新的数量和质量。

布朗等（Brown et al.，2013）选取 1990～2007 年间的 32 个国家的企业作为样本，发现强大的股东保护和更好地获得股票市场融资对创新投资产生积极影响。鲁桐等（2015）研究了全球 19 个国家的数据，指出法律对投资者的权利保护的越好，企业所处的环境会越好，创新投资会越多，最终有更多的专利产出。

谭等（Tan et al.，2016）利用中国的股权分置改革事件研究了私有化对创新的影响，认为私有化能更好地调整控股股东和少数股东之间的利益，促进创新。政府对国企放权可在一定程度上减轻政策负担，增加创新资源，提升创新意愿并最终促进了国有企业的创新（江宇轩，2016）。

也有学者研究了金融市场的发展对国家创新的影响。塔德塞（Tadesse，2006）分析了 34 个国家的制造业集团，认为以市场为中心的制度对工业部门的创新产生影响，而以银行为中心的制度仅对信息密集型行业的创新产生较大影响。李苗苗等（2015）利用省际面板数据研究发现，国内金融发展正向促进 R&D 投资，但以银行主导的金融发展对 R&D 投资的增长并不有利。进一步地，贾俊生等（2017）采用上市公司的数据研究发现，企业创新显著受到信贷市场发展的影响，且其作用的发挥受到融资功能不完善的影响。

布鲁姆等（Bloom et al.，2011）研究了欧洲有中国进口贸易国家的创新状况，发现更多的中国进口使技术或创新的水平受到刺激获得了提升，奎恩等（Kueng et al.，2016）却得出了相反的结果，通过对加拿大的企业研究发现进口对创新产生了负面影响。千慧雄（2014）通过对高技术产业的分析发现，出口对高技术产业创新结构的高级化有一定的阻碍作用。李兵等（2016）利用我国的数据研究发现，出口使企业的自主创新能力提高，发明和实用新型专利数量增加。

基于中国特殊的社会环境，余永泽（2017）还研究了房价对企业创新的影响，发现房价对企业创新产生了负向作用，限购政策对负向作用有一定的缓解。

2.4　融资融券与创新相关文献

融资融券制度是我国资本市场上的一种制度创新，研究已经从盈余管理、现金持有等方面肯定了融资融券对企业发挥的治理作用，也有文献开始进行了其与创新相关的研究。

　　融资融券制度对企业的投资行为产生影响。靳庆鲁等（2015）研究发现，在放松了卖空管制之后，可卖空公司的股东出于对自身财富的考虑会监督管理层的行为并促使其进行决策调整，扭转当前投资机会较差的局面。陈胜蓝等（2017）基于并购这一投资形式分析了卖空压力对并购绩效的影响，结果发现卖空压力通过高管权益薪酬这一途径改善了企业并购后的绩效，对短期和长期绩效均产生了促进作用。特别地，创新投资作为一种特殊的投资形式也由于融资融券机制的存在而发生了变化，因为融资融券交易者会更加积极地挖掘企业的负面信息，通过股票价格对管理者实施更加严厉的监督，进而改变企业的创新决策。马萨（2015）等通过对 2003～2009 年全球 33 个国家 11969 家公司的实证研究发现，卖空机制通过提高股价效率、增强监督作用和更加积极的反馈作用提高了诸如 R&D 等形式的长期投资而减少了诸如资本支出等形式的短期投资。杰克（Jack，2016）利用实施 SHO 法案这一事件研究了卖空是否加重或减轻了管理层的短视行为（短视由企业的专利数量来衡量），结果发现，卖空机制的放松对专利的质量、价值以及原创性都有显著的提升作用，管理层在进行投资决策的过程中短视行为被有效控制。王立威（2016）则利用 2006～2015 年中国上市公司的数据验证了卖空机制对企业创新数量有促进作用。

2.5　文献述评

　　企业是创新活动最基本、最活跃的单元，创新能为企业带来长期的竞争优势，对地区及国家的经济发展至关重要。制度变迁对企业创新行为及其经济后果影响的研究，目前已经取得了一定的成绩，研究结论也比较深入，特别是近年来随着上市公司年报中研发投入披露比例增加、企业专利数量披露得更加详细，研究方法也逐渐丰富，这些研究或是揭示了制度与研发投入或专利产出的一些内在联系，或是明晰了制度作为一种治理机制与创新的某些行为特征，或是给出了一个极具启发性的框架。融资融券作为比较新兴的制度，其对企业创新的影响效果虽然有了一定的基础，但不够细致和系统，还存在诸多的不足，具体体现在：

　　第一，我国资本市场的发展与国外存在一定的差距，融资融券交易开始时间较晚，2010 年 3 月 31 日才开始正式实施，加之我国创新数据尤其是研发数据披露的不完全性，融资融券对创新的影响并不完全准确。国外现有的研究结论也并不一定能适应国内的情况，已有的研究是否适合国内的企业还需要进行深入的验证。

第二，融资融券交易施行时间较晚，现有研究考察的时间窗口均较短，通常并不包含进行全部扩容后的标的股票，一项新制度的实施需要更长时间来体现，研究结论的可靠性受到样本数量和时间跨度的影响，因此基于更长的窗口深入研究融资融券对创新的影响十分必要。

第三，现有从融资融券角度的研究还比较粗糙，研究还不够深入细致。具体表现为：①已有的实证研究还不够深入，如还需要根据企业创新的特点分行业、考虑企业拥有的资源富裕程度、管理者的特征、企业性质、外部环境等进行更为深入的研究；②目前关于融资融券对创新的研究多集中在创新的产出上，即使是研究了创新的效率，也只是粗略地用专利和研发投入之间的比值来衡量，缺乏对创新效率更加完善和科学的评价方法；③研究还应该充分考虑现有的治理环境、行业特征等因素的影响。

第3章 融资融券影响创新投资及效率的相关理论基础

信息不对称及代理问题是影响企业创新的两个重要因素（Manso，2011；Cohen，2013；陈钦源，2017）。本章综合运用企业创新理论、委托代理理论和信息不对称理论，探讨了在我国科技不断进步、企业创新日益重要的背景下，企业在进行创新投资决策的过程中存在的问题。首先运用企业创新理论分析了企业创新投资及效率的发展；其次分别运用委托代理理论、信息不对称理论深入剖析了企业创新投资存在不足的内在机理；最后用高层梯队理论阐述了管理层固有的认知模式、价值观和外部环境形成的背景或心理特征也会影响创新。本章的内容为后续研究的顺利进行提供了理论上的基础。

3.1 企业创新理论

熊彼特是企业创新的开拓者，其在《经济发展理论》一书中指出创新是一种新的组合方式，可以是生产要素的重新组合，也可以是生产条件的重新组合。其概括了五种基本的创新形式：一是产品创新，即企业开发出一种新的产品；二是过程创新，即企业在生产中使用了一种新的生产方式；三是市场创新，企业开辟了一个新的销售市场；四是原材料获得方式的创新，企业采用新的供应源获得了原材料；五是组织创新，即企业拥有了一种新的构建方式。根据熊彼特对创新的界定可以知道，企业的创新形式是多样的，可以是产品，也可以是工艺，也可以是服务或者市场的创新。由此可以看出，在进行创新的过程中除了会受到企业自身发展的影响，市场也会制约创新的发展，组织环境等也是重要的影响因素。1942 年，熊彼特在前期研究的基础上提出了熊彼特假说，对市场结构和企业规模与企业创新能力之间的关系进行了阐述，认为规模较大的企业比规模小的企业在创新上更有优势，当企业处在市场集中度较高的行业中时，企业的创新效率也会较高。阿罗（1962）提出了与熊彼特相反的观点，否认了市场竞争程度对企业创新的积极作用。在之后对熊彼特假说进行验证的过程中，学者也没有得到统一的观点。

依托熊彼特提出的创新理论，后续学者对创新的过程、创新的内涵和创新的影响因素等多个方面进行了深入的研究。2007 年，汉森和伯金肖（Hansen & Birkinshaw）提出了创新价值链，认为创新是一个连续的过程，包括创意的产生、创意的转化和创意的扩散三个主要阶段。概括来看，当前对创新的界定并没有形成完全统一的标准。从创新的类型上来看，对技术创新的研究比较多，代表性人物包括施瓦茨（Schwartz）、曼斯菲尔德（Mansfield）、傅家骥等，他们对技术创新的规律进行了详细的研究，分析了推动技术创新的原因、技术创新存在的难题、技术创新之后的市场扩散等。技术创新主要是指企业在新技术上的突破，强调的是能通过技术层面的创新带来更多收益。另一方面，制度创新也是当前重要的研究内容之一，诺斯（North）是最著名的代表人物，他们强调的是制度创新对技术创新乃至经济发展的作用（郭斌，1998；李玉虹，2001），认为好的制度会促进企业的技术创新，而不好的制度则对技术创新产生遏制作用。当然也有学者按照创新的程度或者规模，把创新分成了激进式和渐进式的创新（Laursen & Salter，2006），从 2010 年之后我国对双元创新的研究才开始多起来，主要通过问卷方法进行衡量（许晖，2013；张晓芬，2015），翟淑萍、毕晓方（2016、2017）从财务的角度对这两种创新投资进行了衡量。从创新的主体来看，主要包括国家创新、区域创新和企业创新，从宏观、中观和微观三个层次涵括了创新的重要主体。企业作为创新的微观主体，是创新的主要来源，因此对企业创新的研究是主要的内容。企业在创新的过程中是以一个系统存在的，因此田轩（2017）总结了企业创新的影响因素，主要包括宏观（制度、法律）、中观（银行结构、市场竞争）、微观（管理者特征、企业特征）三个方面。

受到生物进化论的启示，纳尔逊和温特（Nelson & Winter）提出了创新进化论的思想，以期对创新的内在机理有更加充分的认识。在这一理论思想的指导下，20 世纪 50 年代之后产生了一系列创新理论模型，经历了从第一代的技术推动模型、第二代的需求拉动模型、第三代的技术需求交替模型、第四代的连环网络创新模型、第五代的系统集成与网络模型的演化过程。技术推动模型，时间集中在 20 世纪 50 ~ 60 年代中期，认为技术推动了创新，政策只是为技术创新提供支持；需求拉动模型（Kamien & Schwartz，1975），认为市场的需求是企业进行创新的动力和方向，先有市场的需求，企业根据市场上新的需求进行研究开发；技术需求交替模型（Nassimbeni，2001）是指企业的决策制定、技术和市场三者之间有机地结合在一起；连环网络创新模型中创新过程既包含企业各部门之间的交叉整合，也包括与外部的供应商、大学、科研机构等的整合；系统集成与网络模型认为创新源自系统内部与系统外部之间形式多样的相互学习。

类似于普通的投资项目，创新投资也是投资决策的一种形式，只不过创新投资具有更加显著的特征，如周期长、风险高、成功后有较大的收益等。创新投资更多的是代表创新环节中的某一过程，创新投资后的成效是企业更为关注的内容。因为虽然创新投资的持续增加能够提升企业的创新能力，但国内外的诸多研究表明，创新过程中资源利用效率的提高对创新能力的提升也是至关重要的（Jefferson et al.，2006；李平等，2007），因此效率也是创新理论中的重要组成部分。古典经济学家亚当·斯密最先在其著作《国民财富的性质和原因的研究》提出了效率（efficiency）一词。其实，效率最开始被广泛应用是在物理学中，到 20 世纪随着科学管理理论的进一步发展，效率才开始在经济管理领域获得关注。效率是与生产率密不可分的，主要被用来衡量投入与产出之间的关系。如果一定的投入能够获得更多的产出或者一定的产出需要更少的投入，就说明研究对象具有较高的效率。

对于企业的管理者而言，创新效率可以使其更加直观地判断项目的执行情况，准确地测度企业自身和其他企业尤其同行业的竞争对手对于创新活动产生的效率，为管理者在后续制定企业发展战略的过程提供合理的依据，使企业在愈加激烈的全球化竞争中获得更好的生存和发展（Farrell，1957；Yang，2010）。与此同时，政府等相关政策制定部门也可以依据企业的创新效率来调整后续的政策制定。

3.2 委托—代理理论

委托—代理理论起始于 20 世纪 30 年代。美国当时的经济学家伯利和米恩斯发现当企业所有者和经营者为同一人时，企业的管理存在极大弊端，其倡导把企业的所有权和经营权分离，所有者保留剩余索取权，将经营的权利让渡出去。在阿罗—德布鲁的模型中，企业是一个"黑匣子"，各种要素被投入进去，在预算约束下进行利润最大化的行为，但是这种假设过于简单，企业的内部信息不对称和激励问题被忽略掉，现代企业的诸多行为也无法得到合理解释。于是，到了 20 世纪 60 年代末 70 年代初，经济学家开始对企业内部的信息不对称和激励机制等问题进行了深入研究，委托—代理理论自此产生。

委托—代理理论是企业现代理论的重要组成部分，其研究的核心问题是在信息不对称且交易双方目标不一致的情形下，应该通过何种的监督激励机制清除代理人的自利主义或机会主义行为，提高交易的效率，使效率尽可能达到最大。委托—代理理论认为企业在日常经营过程中存在委托—代理关系，这种关系是随着生产力的迅猛发展以及规模化大生产的出现而出现的，已经成为企业的普遍现象。一方面，生产力的发展使分工进一步细化，权利的所有者由于精力和能力的限制不可能继续行使原有的所有权利；另一方面，规模化大生产的出现使市场中出现了诸多拥有精力和能力的职业代理人，他们可以更好地行使所有者委托下来的权利。委托—代理关系并不一定能导致委托—代理问题，如果委托人有完全的理性，或者委托人与代理人之间的信息是完全对称的，或者代理人不进行机会主义行动，或者委托人与代理人的目标函数是一致的，这些情况下不会产生委托—代理问题。然而，实际情况是委托人与代理人都是理性经济人，各自追求自身利益的最大化，他们的效用函数并不一致，这就导致了两者之间的利益冲突。委托—代理关系存在的原因主要有所有权与控制权分离、企业组织中的信息不对称以及委托—代理双方能力约束和有限理性等。

概括来讲，委托—代理理论主要有三种基本的表现形式。第一种是第一类委托—代理问题，即股东与管理者两权分离；第二种是第二类委托—代理问题，即大股东与中小股东之间的代理问题；第三种是股东与债权人之间的代理问题（Jensen & Meckling，1976）。

3.2.1　股东与管理者之间的代理冲突

股东与管理者之间的代理问题被称为第一类委托代理问题，也是所有权与控制权分离的情况下最为普遍的一种代理问题，受到了人们的广泛关注。1932 年美国经济学家伯利和米恩斯（Berle & Means）最先系统地研究了该问题。

关于股东—管理者之间的代理冲突对创新决策的影响动机还有：①恬静生活。管理层为了追求"恬静生活"，不愿意进行高风险的创新活动，而只进行短期的投资活动。②声誉提升。管理层为了在其任期内迅速建立声誉，会更加倾向于周期较短、收益较确定的项目，即使这些项目在未来并不一定能带来正的净现值，但是这样的投资会在短时间内见效（Narayanan，1985）。③羊群效应。市场并不能体现与企业相关的全部信息，有些管理者为了避免创新投资决策失败造成的声誉受损现象，其可能会放弃追求一些具有前瞻性的项目，而追随其他企业管理者的投资行为（Scharfstein & Stein，2000），对创新产生负面的影响。④在职消费。当企业管理者拥有更多的资源时，管理者为了个人的利益并不会进行创新等长期项目的投资，而是过度追求在职消费。由于公司的财产不能被管理者转移，他们往往会利用控制权通过在职消费的方式增加其个人收益。主要的表现形式为公款旅游、公款消费、使用奢侈豪华办公室、拥有昂贵专车或专机等。

3.2.2　大股东与中小股东之间的代理冲突

大股东与小股东之间的冲突又称为第二类委托—代理问题，是由于中小股东把监督委托的权利交给大股东而产生的（Roc，1990）。在股权集中程度较低，股份相对分散的情况下，公司中起主导作用的是"协同效应"，控股股东和中小股东的利益基本是一致的，第二类委托—代理问题比较弱，股东与管理层之间的冲突是企业面临的主要问题；当股权集中程度较高时，公司的大部分股权由大股东所拥有，大股东在监督

45

管理层行为的过程中决定经理层的经营决策和任命，使企业获得长期的收益。从理论上看，大股东应该以全体股东的利益为价值目标，但事实上大股东和其他中小股东尤其是与小股东的利益并不是完全一致的。鉴于我国企业股权高度集中的背景，大股东的控制链比较复杂，控制权和现金流权发生一定程度的偏离，第二类代理问题是比较普遍也需要重点关注的。企业的中小股东只能获得资本收益，而大股东除了获得资本收益外，还会有私有的收益。私有收益来自大股东对公司利益或是小股东利益的侵占，形成"隧道效应"，大股东通过掏空等方式损害小股东的利益，造成大股东与中小股东之间的代理冲突，此时的控股股东没有太大的意愿进行高水平的创新投资。已有的文献已经证实了大股东通过控制权侵占了小股东的利益。出于理性经济人的假设，控股股东可能会选择对自己有利但损害中小股东利益的项目进行投资，造成创新投资的不足和创新投资的无效率。

大股东侵占中小股东的手段主要包括资金占用、资源转移以及现金股利等各种方式。关于大股东与中小股东之间的代理冲突在创新决策上的表现主要体现在以下几个方面：当股权比较分散时，控股股东与中小股东之间的委托—代理问题被弱化，其基本不会为了私有的收益去影响企业的创新决策；股权高度集中的情况下，面对高风险性的创新活动，考虑到大股东投资的单一性，大股东为了防止其在短期内的利益受损，会呈现出对风险的积极规避，从而对公司的创新投资产生一定的抑制作用。此时，管理层也会由于无法得到控股股东的支持而对创新保持谨慎的态度甚至可能会取消创新的念头。

3.2.3 股东与债权人之间的代理冲突

当企业中同时存在股东与债权人的情况下，股东是代理人，债权人是委托人。股东与债权人的代理冲突由法玛和米勒（Fama & Miller，1972）首次进行了讨论。

债权人会获得固定的利息收入，其更多要求本金和利息的安全性，而对于股东来说，则希望能用较少的投资获得更大的收益，因此股东与债权人的利益可能是不一致的。股东的决策并不一定会有利于债权人，据此产生了股东与债权人之间的代理冲突。具体到企业的投资决策中，股东与债权人之间的代理冲突主要表现为资产替代和投资不足。譬如，当企业发行风险债券时，一个最大化企业价值的投资决策并不能使债权人和股东的利益同时最大化，因为债权人偏好风险小、收益不确定性低的项目以保证其本金的安全性，而股东则更加偏好收益不确定性较大的项目以获得长期的收益。如果可以采用先发行债券再进行投资的顺序，企业的股东或管理者会承诺债权人较小的风险，债券发行成功后，他们可能会拿着债券人的钱去投资风险较高、不确定性较大的项目，从而实现财富在债券人和股东之间的转移，造成资产替代现象。

当企业有较多的负债或者负债率较高的时候，股东会联合管理者放弃那些投资收益率较低的项目。因为只有当投资项目的收益率大于债券支付率时，管理者才会进行投资，否则在完成投资项目的时候不仅不能偿还债权人的利息，还需要从其他地方借钱才能完成对债券人的承诺，这种时候管理层肯定不会为该类项目进行融资。基于管理层的机会主义行为，债权人会要求更高的利息支付率，企业原有的一些投资回报率尚可的项目会被放弃，造成对项目的投资不足。创新活动作为投资项目的一种特殊形式，具有风险高、周期长、回收慢等特点，企业从债权人那里融到资金的可能性较小，这种较小的可能性会进一步提高对债权人的支付率，加剧管理层对创新投资不足的现象。

3.3　信息不对称理论

20 世纪 70 年代，二手车市场上出现了"柠檬市场"问题，通过对该问题的观察和研究，信息不对称理论产生。信息不对称主要是指在经济、社会活动中，一部分人拥有另一部分人所不知道的信息，掌握信息比较多的人处于有利地位，掌握信息比较少的人处于不利地位，最终造成不公平的契约或较低的市场效率。

信息不对称可能会产生逆向选择问题，逆向选择是一种事前的非对称。如在二手车市场上，卖家比买家拥有更多的信息，二者之间的信息是不对称的，但是买者不一定会相信卖者的话，其会通过压低价格来规避由于信息缺失造成的风险，面对较低的价格卖者不愿意提供高质量的产品，从而好的二手车不会出现在市场交易中，更多的是低质量的二手车在交易，造成二手车市场的低效率。信息不对称还会产生道德风险问题。道德风险是在研究保险问题时提出来的，道德风险是一种事后的信息不对称，经典的例子是大学校园的自行车保险事件。校园里自行车被盗的概率是 10%，因此有人发行了对自行车的一种保险，需要支付的保险费为标的资产的 15%，正常情况下这种保险是会有收益的，然而却并没有，在购买了保险之后自行车被盗的概率迅速上升，发起人并没有从该项目中挣到钱。究其原因，在购买了保险之后，因为自行车被盗之后的损失全部由保险的卖方承担，自行车的拥有者减少了对自行车的安全防范措施，存在不作为的行为，产生道德风险问题。

具体到企业的创新投资，企业在进行融资获得资金的过程中会产生信息不对称问题。如果公司以债务方式获得投资需要的资金，债权人无法对股东和管理者进行有效的监督，股东和管理者在获得资金后可能会从事一些有损于债权人的活动，债权人在考虑到这种动机之后会要求更高的利息，增加企业的融资成本。融资成本的增加使企业放弃原有的净现值（NPV）为正的项目，出现创新投资不足现象。如果公司以股权方式获得投资所需资金时，新老股东之间会存在信息不对称的现象（Myers & Majluf，2001），导致逆向选择问题的出现。新股东对融资企业的投资项目不能有全面的了解，其在选择企业的过程中只能根据自身现有的信息对企业进行基本的价值评估，这个价值很难反映融资企业的真实价值，在这种情况下，企业的价值可能被低估，从而无法获得充足的资金，也会产生投资不足的现象。

与此同时，管理层与市场之间存在信息不对称，市场不能完全观测到管理层的行为。一方面，股东与管理层的委托—代理问题使管理者的行为很难被有效监督，私有利益的驱动使管理层出现道德风险行为，主要表现在缺乏有效监督的管理者不愿意承担更多的风险，逃避周期长、不确定性高的长期投资项目，更愿意进行短期的投资（Stein，1985；Benmelech et al.，2010），企业的创新活动受到抑制；另一方面，股东与管理层之间存在信息不对称，管理层的行为不能及时被股东所观察，管理层出于享受"恬静生活"（Holmstrom，1989）的追求，通过增加工作的闲暇时间以实现获取更大效用的目标。创新项目具有较高的风险，其价值经常会被股东以及投资者低估，创新的业绩会体现经理人能力的高低，为了减弱低估效应，追求闲暇的管理层可能更倾向于减少对创新项目的投资。从"管理声誉"模型来看，创新活动存在较强的正外部性，企业承担创新所有的成本和风险，但是却不拥有创新的所有收益，管理者出于对其职业追求的考虑会放弃长期高风险项目而投资常规项目。加之管理者的任期变动较大，对创新的投资有可能是"为他人作嫁衣裳"，管理者不愿意出现"前人栽树，后人乘凉"的现象，让自己的决策为后任的管理者带来收益，所以对创新活动持有限的积极性。

3.4　高层梯队理论

"高层梯队理论"由汉布瑞克和梅森（Hambrick & Mason）在 1984 年提出，行为金融学获得了进一步发展。该理论指出，企业的管理者无法全面认识到所有外部环境发生的变化，因此管理者已有的认知模式和价值观会影响或决定他们的选择，从而企业的决策行为也随之发生改变。直到 21 世纪初，国内才开始使用"高层梯队理论"，研究也从分析管理者个人特质对企业行为的影响转向管理层团队对企业行为的影响，该理论得到了广泛和深远的发展（郝盼盼，2017）。

有限理性是高层梯队理论的前提，它认为企业的管理层并不都是完全理性的，在对已有信息进行处理并做出战略决策时，固有的价值观和认知模式会对决策过程产生影响，进而表现出不同的行为。管理者通常会把其自身特征和偏好带入到日常的工作中（Simon，1958），且这种偏好和特征对复杂程度高的决策会产生更加显著的影响。在高层梯队理论的相关研究分析中，管理者的作用并未被无限夸大，只是客观说明了管理层的有限理性会使其决策行为发生一定程度的改变。

高层梯队理论的提出为管理者特征与企业决策行为方面的研究奠定了良好的基础，学者多基于"背景特征—心理偏差—决策行为"的逻辑展开一系列的研究，背景特征主要包括年龄、学历、任期等，心理偏差表现在过度自信、短视等多个方面。创新是企业的一项重要且复杂的财务决策，面临较高的失败风险，因此管理层不同的特质对创新投资有明显的影响，如既有任期较长的管理者更可能有"求稳"的心态，表现出对创新的短视行为，产生创新投资不足的现象，而过度自信的管理者其出现短视或机会主义行为的可能性则较低。

3.5　本章小结

本章综合运用企业创新理论、委托—代理理论、信息不对称理论和高层梯队理论，明确了在管理者进行创新投资决策的过程中，由于股东与管理层之间的委托代理问题和企业的信息不对称，管理层存在短视或机会主义行为，企业的创新投资不足，创新动力不够，创新的效率及质量都有待进一步的提高。缓解委托—代理问题和信息不对称问题是提升创新投资及效率的重要途径，本章的理论分析为后续研究融资融券制度作为外部治理机制的一种重要补充，通过挖掘和分析公司的信息尤其是负面信息改变管理层的决策选择从而使创新行为发生改变这一问题奠定了良好的理论基础。

第4章　融资融券对创新投资的影响

4.1　研究假设的提出

随着资本市场上融资融券交易分步扩容工作的开展，我国的融资融券制度也在逐步完善的过程中。当前我国经济处在转型发展的关键时期，资本市场日趋完善，融资融券的交易量平稳增长，其预期的价格发现、市场稳定、流动性增强以及风险管理这四方面的功能也在逐步发挥中。整体来看，融资融券在现代经济社会中的确是发挥了越来越重要的作用，闻名全球的安然、雷曼兄弟等公司正是由于市场上的融资融券交易者揭示了其存在的问题而导致了最终的破产。再比如浑水研究公司，它是典型的积极型或主动型卖空者，致力于挖掘并曝光在美上市的中国公司的财务虚假、欺诈等负面信息，曾经导致四家中国公司——东方纸业、绿诺科技、多元环球水务和中国高速传媒当时的股价大跌，最终均被交易所停牌甚至摘牌。对于融资融券交易者来说，企业短期的盈利等表象状况并不是关注的焦点，在拥有专业的人员和丰富的知识做基础的前提下，浑水公司能够从公司运营的"本质"出发，发现公司的真实财务信息，并快速地向社会公众曝光，以对当事公司形成"硬性"监督。在我国的资本市场中，双汇集团是首批融资融券试点企业，"瘦肉精"事件曝光当日，投资者纷纷抛售所持股票，融券被卖空，双汇集团市值蒸发严重，品牌及企业声誉也受到了巨大的损害。这些都充分显示了融券交易对企业的监督治理作用。

创新不同于一般的投资活动，它具有高投入、高风险、长周期以及异质性等诸多特点（Hirshleifer et al.，2012）。对失败的容忍程度是创新成功的关键（Xuan Tian & Tracy Wang，2014），创新短期失败率较高、未来现金流波动较大，需要长期的资金投入（杨道广等，2017）。因此，在企业进行创新的过程中，需要克服管理者的短视行为，进行长期的投入规划（姜英兵、于雅萍，2017）。首先，创新的过程中，其保密性高、专业性强、风险大等特征加剧了企业内外的信息不对称程度，外部的投资者很难了解企业创新的相关信息，当企业的创新活动较多时，该企业被外部投资者低估的可能性较大。为了减弱低估效应，企业员工及管理者的创新积极性会受到抑制，更愿意追求闲暇的生活，从而减少对创新活动的投资（Bhattacharya et al.，1983；Holmstrom，1989）。同时，在此基础上产生的投资者的逆向选择问题会加剧企业创新过程中面临的融资约束难题，管理者可能不得不减少对创新的关注。其次，市场不能完全观测到管理层的行为，股东与管理者的委托—代理问题使管理者的行为很难得到有效监督，私有利益的驱动使管理层出现道德风险行为，主要表现为缺乏有效监督的管理者不愿意承担更多的风险，逃避周期长、不确定性高的长期投资项目，更愿意进行短期的投资（Stein，1989；Benmelech et al.，2010），企业的创新活动受到抑制，创新投资也随之受到影响。

创新活动的专用性使股东监督管理者行为的成本升高，由于创新周期较长，不到最后很难观察到创新投资的收益，且创新的投资是企业管理人员可以相对控制的，不会过多受到不可观察到的技术机会的影响，管理者在企业进行创新活动的过程中具有较大的自主权。管理层决策出现扭曲并最终导致企业偏离了最优创新投资水平，分析其原因，是由于企业内外部的信息不对称以及股东管理层之间的委托代理问题造成的。而融资融券作为资本市场的新兴交易机制，其可使企业相关信息在市场中更加顺畅地流通，市场参与者之间的信息不对称程度降低，管理者的机会主义行为受到监督，从而对企业的创新活动产生影响，并最终影响我国实体经济的发展。融资融券对企业创新投资的具体机理分析主要从监督约束假说和市场压力假说两个方面进行阐述（如图4-1所示）。

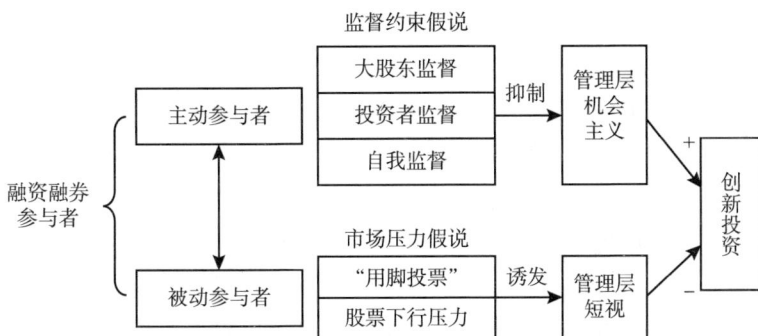

图 4-1　融资融券影响创新投资作用机理

4.1.1　监督约束假说

已有研究证明股票市场的发展会促进企业的创新（Hsu，2014），马萨等（2015）发现股票市场中的融券机制对公司管理层具有外部监督约束的功能。融资融券交易相对于一般投资的成本较高，因此主动的融券交易者有强烈动机挖掘企业的负面信息，管理层的机会主义行为很容易被主动的交易者所发现，而交易的负面信息传递到股票价格中对企业行为发挥作用，影响企业股东及管理层自身的利益。出于理性经济人的假设，为了避免相应的损失，管理层会约束自己的不当行为，缓解企业的委托—代理问题，一定程度上影响管理层在创新活动中的决策，增加企业的创新投资。具体体现在：

第一，融资融券交易的开展促进了大股东对管理层的监督。股东与管理层之间由于两权分离存在严重的信息不对称，创新项目的长周期、高风险使大股东很难了解创新活动的详细内容，股东对管理者在创新方面的决策具有较小的约束力。当公司股票允许卖空后，利空消息比较容易反映在市场价格中，大股东从自身利益出发，更加积极地搜集、管理创新项目，对管理层的创新决策尤为关注，在保证未来收益的情况下控制企业的风险，其会对管理层进行更加严厉的监管，监督管理者在创新方面的行为决策。

第二，融资融券机制的引入，增加了中小股东及投资者的外部监督。鉴于大股东股权交易的不频繁性，中小股东对日常股票市场的价格具有决定作用，会发挥"不会叫的狗"的作用，当外部投资者发现管理层存在懈怠心理有意减少对高风险项目尤其是创新项目的投资时，他们在挖掘到相关信息后卖空公司的股票，形成鲜明的市场信号，造成股票价格下跌，市场的压力对管理层的机会主义行为形成约束，管理层从公司利益最大化出发积极开展创新。同时，鉴于允许卖空后投资者面临更大的价格下跌风险，为保证未来收益，投资者会对管理层提出更高的要求，促使管理层放松了对机会主义的追求，更加努力工作，减少创新投资不足现象的发生。

第三，融资融券机制的引入，加强了管理层对自我的监督。与管理者行为相关的信息在资本市场上的披露和扩散会影响投资者对管理层乃至企业价值的判断，从而影响管理者的行为，进而使管理者的创新投资决策发生改变。引入融资融券机制后，允许卖空的企业，融资融券交易者能够进入市场表达观点，企业的信息尤其是负面信息会迅速在市场上传播，企业及管理者面临股票市场的下行压力。融资融券在我国的资本市场是一个相对新兴的事物，融资融券的交易量也在缓慢的增长过程中，加之我国已有的投资者利益尤其是中小股东利益不能被很好保护的制度环境，卖空首先会对管理者发生事前的威慑作用（顾乃康，2017），对企业的财务行为产生影响。企业会面临股价下跌以及负面消息扩散的潜在威胁，管理者碍于可能出现的不利后果，会收敛利己行为，花费更多时间精力在企业的长期投资上，减少其短视行为增加企业的创新投资。

4.1.2　市场压力假说

通常来说，市场压力除了能在一定程度上约束管理者的短视行为，也有可能促使管理层发生机会主义行为，对创新投资产生不利影响。融资融券交易者通常会对公司的股票价格造成巨大的价格压力（Mitchell et al.，2004）。简单来看，当企业的管理者面临短期价格压力时，其会集中主要精力营造短期的盈利以缓解股票的持续下跌，表现出来的情形便是管理层在投资决策的过程中更加青睐于短期项目，忽略对长期项目的投资，而创新是一项风险高、收益不确定性高的项目（Ederer & Manso，2013），因此管理者极有可能放弃创新项目，融资融券制度的实施对企业的创新产生负面影响。事实上，当我国的企业面临股价下跌造成的价格压力时，管理层并不一定会放弃对创新项目的投资，主要有以下两个方面的原因：

第一，我国具有独特的股权结构和不完善的职业经理人市场。美国上市公司的特征是短期投资者比例高、股权相对比较分散，因此一旦出现股价下跌的现象，股东容忍度较低，市场表现不理想的企业其管理者面临被解雇的风险，同时股价的下跌增大了企业成为并购目标的可能性，在很大程度上影响了管理者的声誉，因此管理者有动机去减少对长期项目创新投资的关注转而维持股价的稳定性（Graham et al.，2005）。但是中国的制度环境有别于美国，多数企业的股权集中在少数的股东手中，股权集中程度高，一般情况下股东会长期持有公司股票，对管理者决策的短期失败具有极高的容忍度，同时由于我国经理人市场完善程度不高，很大比例的管理者职位是政府委派而来，管理者不必过度担忧被解雇风险，因此在我国的资本市场中，当管理者面临股票下跌的短期压力时，其并不会一味放弃创新项目而布局短期项目，"市场压力"假说对创新投资的抑制作用比较有限。

第二，融资融券机制对管理者进行长期持续的监督。管理层在面临短期绩效压力时，决策会更加谨慎，集中资金进行短期低风险项目的投资，忽略对长期高风险项目的投资，会通过削减研发的支出以提升短期收益（Bushee，1998；2001）。融资融券交易中的中小投资者其主要目标是识别可能被高估而表现不佳的公司，并基于利空消息卖空这些公司的股票获得交易利润，他们极其厌恶短期行为的失败，而创新的关键是对短期失败的容忍程度，企业的创新投资受到抑制。虽然股价造成的压力迫使管理层采取手段来达到市场预期，但是从长期看，市场压力还是减少了管理者损害公司利益的短视行为（于忠泊等，2011）。因为经理人会针对企业存在的过多不利消息进行企业偏差的纠正，着重改善后期的业绩（郑志刚等，2011）。首先，市场上的投资者可以持续进行融资融券交易，对管理者的观察具有长期连续性，管理者为股票价格下跌采取的短期行为最终也会被投资者发现，这样可能会导致股价的进一步下跌，造成恶性循环。即使是看重私有收益的管理者也不敢为了短期的市场压力而贸然放弃对创新项目的追求。其次，由于融资融券机制的引入时间渐长，机构投资者的规模逐渐扩大，价值投资理念也逐步普及，中小投资者等只关注企业"表现"的被动交易者的作用有限，机构投资者等关注企业"本质"的主动交易者发挥了更强的作用，创新投资的抑制作用十分有限。另外，随着现代企业制度的逐步完善，股权激励已经成为上市公司管理层薪酬的重要组成部分，管理层的收益与企业的长期绩效紧密结合在一起，管理者并不敢贸然放弃长期的创新投资项目。

综合前述分析，本书认为融资融券交易通过市场压力诱发管理层短视行为的作用是非常有限的，而融资融券的主动交易者会努力挖掘企业信息，通过卖空交易向市场传递企业创新价值的相关信息，缓解创新投资过程中的委托代理问题，最终实现对创新投资的助力。基于上述分析，提出如下假设：

假设 4-1：融资融券的引入对创新投资有显著的激励效应，会增加企业的创新投资。

4.2 研究设计

4.2.1 样本选择和数据来源

本章主要采用双重差分（DID）模型来检验引入融资融券制度对公司创新投资的影响。以沪深两市上市公司中允许进行融资融券交易的名单公司作为实验组，以未进入该名单的公司作为控制组。2006 年我国上市公司新会计准则颁布，自 2007 年 1 月 1 日开始施行，因此本书的数据样本期选择 2007～2016 年。对于样本公司，根据以下标准进行了相应的初步剔除：①金融类公司；②B 股公司；③ST、*ST、PT、*PT 公司；④其他变量缺失的公司。

本章的融资融券数据以及财务数据等均来自 CSMAR 数据库、Wind 数据库、上海证券交易所、深圳证券交易所和巨潮网的上市公司年度报告。融资融券数据通过上海证券交易所、深圳证券交易所和 CSMAR 数据库的数据整理获得，创新投资数据在 CSMAR 数据库的基础上从 Wind 数据库进行了补充，创新投资的其他缺失数据从年报中进行了手工搜集。倾向得分匹配（PSM）中用到的股票波动率、换手率等匹配变量，根据从数据库中获取的日值数据计算得到了年值。在对数据处理的过程中，为剔除异常值对结果的影响，对书中所有涉及的连续变量进行1%和99%水平上的 Winsorize 处理，对数据的处理均通过软件 Stata 13.0 完成。

4.2.2　变量选取

4.2.2.1　被解释变量

（1）企业创新投资（RD）

企业在本期 R&D 支出的总额除以总资产，这与钟凯等（2017）对企业创新投资的界定和衡量是一致的。在数据使用的过程中，对于创新投资的数据，参照许（Koh，2015）、权小锋（2017）等的做法，如果公司在样本观察期每年均未进行创新投资的披露，对此类公司进行直接删除处理，如果公司在样本期间进行了创新投资的披露仅有个别年度值缺失，则对缺失年度的创新投资值直接赋值为0。

（2）企业创新投资虚拟变量（RD_dummy）

如果企业当年进行了创新投资，则 RD_dummy 被赋值为1，如果当年企业的创新投资没有披露或者没有进行创新投资，则 RD_dummy 赋值为0。

4.2.2.2　解释变量

（1）企业是否为融资融券标的企业（List）

如果该公司在样本期间成为融资融券标的股票，则取值为1，否则为0。

（2）企业在哪一年成为融资融券标的企业（Post）

公司进入融资融券标的股票的虚拟变量，公司成为融资融券股票的当年及之后年度取值为1，否则为0。

（3）融券交易量

包括两个变量：一是融券余量（Short1），定义为融券可卖出股数除以上市公司流通总股数；二是融券卖出量（Short2），用融券已交易股数除以上市公司流通股总股数来表示。

4.2.2.3　控制变量

基于已有文献对创新投资的研究，从公司层面和管理者层面共选取企业规模、杠杆率、盈利水平、成长性、现金流水平、管理层持股、股权集中度、独立董事占比等作为模型的控制变量。

本章所用到的主要变量的定义描述如表4-1所示。

表4-1   主要变量定义

变量性质	变量名称	变量符号	变量描述
因变量	创新投资	RD_dummy	创新投资虚拟变量，有创新投资的企业为1，否则为0
		RD	R&D 支出总额/总资产×100%
自变量	融资融券变量	List	如果该公司在样本期间成为融资融券标的股票，则取值为1，否则为0
		Post	公司进入融资融券标的股票的虚拟变量，公司成为融资融券股票的当年及之后年度取值为1，否则为0
	融券余量	Short1	融券可卖出股数/流通总股数
	融券卖出量	Short2	融券已卖出股数/流通总股数
控制变量	企业规模	Size	总资产的自然对数
	杠杆率	Lev	资产负债率
	盈利水平	Roa	企业总资产收益率
	成长性	Q	企业托宾 q 值
	现金流	Cf	经营活动的净现金流量/总资产
	现金持有	Cash	（货币资金＋交易性金融资产）/总资产
	股权集中度	Share1	第一大股东持股比例
	管理层持股	Mshares	管理层总持股/总股数
	独立董事占比	Indepence	独立董事在董事中占比
	营业收入增长率	Growth	本年营业收入增加额/上年营业收入总额
	公司年龄	Age	公司成立期到样本期的年限
	两职合一	Dual	董事长与总经理是同一个人为1，否则为0
	行业	Ind	行业虚拟变量，属于该行业为1，否则为0
	年份	Year	年份虚拟变量，属于该年度为1，否则为0

4.2.3　计量模型构建

针对我国资本市场逐步引入融资融券业务这一准自然实验，借鉴权小锋（2017）和其他现有文献，采取如下的双重差分（DID）模型检验融资融券机制的引入对公司创新投资的影响：

$$RD_{i,t}(RD\_dummy_{i,t}) = \alpha_0 + \beta_1 List_{i,t} + \beta_2 List_{i,t} \times Post_{i,t} + \sum Controls_{i,t}$$

$$+ \sum Ind + \sum Year + \varepsilon_{i,t} \qquad (4-1)$$

其中，$RD\_dummy_{i,t}$、$RD_{i,t}$ 分别表示是否有创新投资和创新投资占企业总资产的比重，List、List × Post 为融资融券变量，Controls 为控制变量，主要源于现有文献对创新投资的研究，从企业和管理层两个层面进行考察，包括企业规模（Size）、杠杆率（Lev）、盈利水平（Roa）、成长性（托宾 Q）、企业经营净现金流（Cf）、企业现金持有情况（Cash）、股权集中度（Share1）、管理层持股比例（Mshares）、公司年龄（Age）、是否两职合一（Dual）、独立董事占比（Indepence）、营业收入增长率（Growth），同时模型中还控制了行业和年份。各变量的具体定义如表 4-1 所示。

4.3　实证结果分析

4.3.1　描述性统计分析

表 4-2 是全部样本企业的描述性统计结果。其中创新投资的均值为 1.48%，说明我国上市公司创新投资的平均水平还不高，占企业总资产的比例还比较低。创新投资的最大值为 8.3%，最小值为 0，标准差为 1.69，不同企业之间的创新投资水平还存在较大的差异。第一大股东持股比例（Share1）均值为 35.2%，最小值为 8.5%，最大值为 74.3%，即我国上市公司的股权相对集中，第一大股东持有公司较多的股份，这与我国的实际情况是一致的。管理层持股比例（Mshares）均值为 0.11，最小值和中位数为 0，最大值为 0.68，管理层持有股份正逐

59

渐称为常态。两职合一变量（Dual）的均值为 0.24，说明样本企业中有 24% 的公司其董事长和总经理是同一人，其余企业中董事长与总经理并不兼任。

表 4 - 2　　　　　　　　全样本描述性统计

变量	样本量（个）	均值	标准差	最小值	中位数	最大值
RD	14530	1.480	1.690	0	1.030	8.300
Size	14530	21.94	1.240	19.50	21.76	25.81
Lev	14530	0.440	0.210	0.0500	0.440	0.940
Roa	14530	0.0400	0.0500	-0.180	0.0400	0.200
Q	14530	2.340	2.010	0.220	1.760	11.38
Cf	14530	0.0500	0.0900	-0.220	0.0500	0.370
Cash	14530	0.190	0.130	0.0100	0.150	0.650
share	14530	35.20	14.93	8.500	33.45	74.30
Indepence	14530	0.370	0.0500	0.300	0.330	0.570
Growth	14530	0.350	0.920	-0.650	0.130	6.440
Age	14530	1.890	0.880	0	2.080	3.090
Mshares	14530	0.110	0.190	0	0	0.680
Dual	14530	0.240	0.420	0	0	1

由于在本书的研究过程中，根据上市公司是否被纳入融资融券标的股票把企业分成了实验组和控制组，所以有必要对实验组和控制组的主要变量进行描述性统计分析，表 4 - 3 列示了统计结果。可以看出，由融资融券标的企业组成的实验组样本在整个样本期间比非融资融券标的企业在规模、总资产收益率、经营净现金流、年龄等方面表现出更优的特征。这与沪深两市颁布的实施细则对标的股票的选取办法基本是一致的。

表 4 - 3　　　　　　　实验组和控制组的描述性统计

变量	实验组		控制组		均值差异
	样本量（个）	均值	样本量	均值	
Size	5895	22.597	8635	21.459	1.118 ***
Lev	5895	0.464	8635	0.418	0.046 ***

变量	实验组		控制组		均值差异
	样本量（个）	均值	样本量	均值	
Roa	5895	0.0531	8635	0.0307	0.0225 ***
Q	5895	2.164	8635	2.496	−0.332 ***
Cf	5895	0.0702	8635	0.043	0.0273 ***
Cash	5895	0.190	8635	0.189	0.001
Share1	5895	36.817	8635	34.011	2.804 ***
Mshares	5895	0.0559	8635	0.160	−0.104 ***
Age	5895	2.133	8635	1.699	0.434 ***
Dual	5895	0.190	8635	0.273	−0.083 ***
Indepence	5895	0.3702	8635	0.3708	−0.0006
Growth	5895	0.322	8635	0.350	−0.028 *

注：***、**、*分别表示显著性水平为1%、5%、10%。

4.3.2　相关性分析

表4−4列示了主要变量的皮尔逊（Pearson）相关系数。从相关性系数表可以看出，自变量包括控制变量都与创新投资之间具有显著的关系。具体来看，Post与RD显著正相关，说明成为融资融券标的股票之后，其创新投资水平增加。控制变量基本均与RD呈现出显著的相关关系，控制变量的选取也是比较合适的。除了极个别的变量之间的相关系数超过0.5，大部分变量之间的相关系数都比较小，模型各变量之间不存在严重的多重共线性。

表4−4　　　　　　　　主要变量相关性系数

变量	RD	List	Post	Size	Lev	Roa	Q	Cf
RD	1							
List	−0.043 ***	1						
Post	0.074 ***	0.585 ***	1					
Size	−0.148 ***	0.447 ***	0.480 ***	1				

变量	RD	List	Post	Size	Lev	Roa	Q	Cf
Lev	− 0. 293 ***	0. 105 ***	0. 069 ***	0. 424 ***	1			
Roa	0. 185 ***	0. 205 ***	0. 090	− 0. 034 ***	− 0. 387 ***	1		
Q	0. 235 ***	− 0. 081 ***	− 0. 058 ***	− 0. 483 ***	− 0. 411 ***	0. 268 ***	1	
Cf	0. 063 ***	0. 151 ***	0. 069 ***	0. 043 ***	− 0. 144 ***	0. 391 ***	0. 133 ***	1
Cash	0. 222 ***	0. 00500	− 0. 048 ***	− 0. 229 ***	− 0. 425	0. 272 ***	0. 243 ***	0. 153 ***
Share1	− 0. 072 ***	0. 093 ***	0. 046 ***	0. 234 ***	0. 068 ***	0. 086 ***	− 0. 089 ***	0. 080 ***
Indepence	0. 050 ***	− 0. 00700	0. 047 ***	0. 025 ***	− 0. 034 ***	− 0. 018 **	0. 066 ***	− 0. 029 ***
Growth	0. 0110	− 0. 015 *	0. 007	− 0. 075 ***	0. 027 ***	0. 021 ***	0. 081 ***	− 0. 022 ***
Age	− 0. 247 ***	0. 239 ***	0. 246 ***	0. 341 ***	0. 400 ***	− 0. 183 ***	− 0. 166 ***	0. 020 **
Mshares	0. 273 ***	− 0. 261 ***	− 0. 152 ***	− 0. 295 ***	− 0. 361 ***	0. 152 ***	0. 219 ***	− 0. 035 ***
Dual	0. 145 ***	− 0. 095 ***	− 0. 053 ***	− 0. 163 ***	− 0. 157 ***	0. 055 ***	0. 120 ***	− 0. 018 **

变量	Cash	share1	Indepence	Growth	Age	Mshares	Dual
Cash	1						
Share1	− 0. 00200	1					
Indepence	0. 023 ***	0. 047 ***	1				
Growth	0. 040 ***	− 0. 00300	0. 028 ***	1			
Age	− 0. 312 ***	− 0. 086 ***	− 0. 042 ***	0. 042 ***	1		
Mshares	0. 230 ***	− 0. 110 ***	0. 094 ***	0. 015 *	− 0. 567 ***	1	
Dual	0. 107 ***	− 0. 061 ***	0. 102 ***	− 0. 0100	− 0. 216 ***	0. 244 ***	1

注: *** 、 ** 、 * 分别表示显著性水平为1% 、5% 、10% 。

4. 3. 3 回归结果分析

针对假设4-1的检验实质上是检验融资融券业务开展前后实验组与控制组的创新投资是否存在显著的差异，为此我们采用模型4-1进行回归统计。表4-5是全样本中融资融券制度对创新投资的回归结果。列（1）控制了行业和年度效应进行了OLS回归，列（2）控制了公司的个体效应进行了固定效应模型的回归，鉴于创新投资分布的特殊性，为了保证结果的可靠性，同时在列（3）中使用了TOBIT模型进行检验。从表中可以看出，在 OLS 和 TOBIT 模型中 List × Post 的回归系数分别为 0.151、0.187，均在 1% 水平上显著为正，在 FE 模型中 List × Post 的系数（β = 0.120，t = 2.439）在 5% 水平下显著为正，说明融资融券制度的实施对企业的创新投资产生了正向激励作用。管理层的机会主义或短视行为被有效抑制，增加了企业的创新投资额，融资融券制度起到了良好的外部监督作用，促进了管理层对创新活动的积极性。

表 4 - 5　　融资融券制度与全样本企业创新投资的回归结果

变量	全样本		
	RD（1）	RD（2）	RD（3）
Method	OLS	FE	TOBIT
List	0.191 *** (5.415)	—	0.247 *** (5.669)
List × Post	0.151 *** (3.414)	0.120 ** (2.439)	0.187 *** (3.510)
Size	- 0.087 *** (- 5.543)	- 0.153 *** (- 3.216)	- 0.099 *** (- 5.139)
Lev	- 0.0940 (- 1.192)	- 0.185 (- 1.245)	- 0.106 (- 1.104)
Roa	2.836 *** (10.324)	1.282 *** (4.300)	3.668 *** (10.833)
Q	0.053 *** (6.411)	0.038 *** (2.595)	0.039 *** (3.881)
Cf	0.427 *** (2.876)	0.462 *** (3.188)	0.452 ** (2.505)
Cash	0.472 *** (4.560)	- 0.606 *** (- 3.659)	0.520 *** (4.233)
Share1	- 0.002 ** (- 2.111)	0.00200 (0.733)	- 0.00200 (- 1.478)
Indepence	0.132 (0.581)	- 0.520 * (- 1.711)	0.0350 (0.128)

变量	全样本		
	RD（1）	RD（2）	RD（3）
Growth	− 0.00900 （− 0.632）	− 0.027 ** （− 2.140）	− 0.035 ** （− 2.060）
Age	− 0.257 *** （− 14.158）	− 0.228 *** （− 4.536）	− 0.338 *** （− 15.721）
Mshares	0.288 *** （3.622）	0.537 ** （2.035）	0.282 *** （3.060）
Dual	0.091 *** （3.164）	− 0.0670 （− 1.429）	0.098 *** （2.891）
Cons	1.331 *** （3.832）	4.158 *** （3.958）	− 0.278 （− 0.648）
Ind	控制	控制	控制
Year	控制	控制	控制
Firm	—	控制	—
N	14530	14530	14530
Adj R^2	0.320	0.193	—
LR chi2	—	—	7319.8 *** （0.000）

注：括号内为 t 值，***、**、* 分别表示显著性水平为 1%、5%、10%。

　　基于对企业创新投资数据的特点，本书进一步设置了企业年度是否有创新投资的二元虚拟变量，当然在设置虚拟变量之前，剔除了创新投资每年都缺失的数据。为了稳健起见，分别使用 Logit、Probit 两种方法进行了统计回归分析，结果如表 4 − 6 的列（1）和列（2）所示。从表中可以看出，在两种回归统计方法下，反映融资融券机制的解释变量 List × Post 的回归系数均在 5% 的显著性水平下为正。这表明，在成为融资融券标的企业之后，与控制组的样本相比，实验组中的企业更倾向于披露创新投资或者是开始积极地进行创新活动，创新投资实现了从零到有的变化。在此基础上，继续使用模型式（4 − 1）检验融资融券机制引入对创新投资值不为 0 的子样本的影响情况。首先控制了行业和年度效应进行了回归,其次控制了公司的个体效应进行回归检验,结果详见表4-6的列(3)和列(4)。列(3)中List × Post的系数(β=0.132,t=2.495)、列(4)中List × Post的系数(β=0.107,t=2.171)均在5%的显著性水平下显著为正。从以上的结果可以推知,融资融券制度的引入不仅可以促使企业开始着手于创新项目或开始披露创新投资,在创新投资原本不为0的样本中,即已经有创新投资的企业中,融资融券制度的引入可以显著促进管理层积极主动的布局创新活动,进行更多的创新投资。

表4-6　　　融资融券制度与子样本企业创新投资的回归结果

变量	全样本		创新投资不为0样本	
	RD_dummy		RD	
	(1) Logit	(2) Probit	(3) OLS	(4) FE
List	0.106 *** (2.60)	0.196 *** (2.693)	0.231 *** (5.166)	—
List × Post	0.137 ** (2.23)	0.268 ** (2.303)	0.132 ** (2.495)	0.107 ** (2.171)
Size	0.0157 (0.80)	0.0200 (0.560)	-0.144 *** (-7.418)	-0.364 *** (-6.250)
Lev	-0.398 *** (-3.94)	-0.767 *** (-4.166)	0.170 * (1.737)	-0.0240 (-0.145)
Roa	1.135 *** (3.31)	1.902 *** (3.061)	3.500 *** (10.161)	1.606 *** (4.159)
Q	-0.0627 *** (-5.79)	-0.115 *** (-5.716)	0.083 *** (8.232)	0.059 *** (3.927)
Cf	0.306 (0.897)	0.266 (0.790)	0.535 *** (2.930)	0.436 *** (2.743)
Cash	0.143 (0.78)	0.200 (0.740)	0.459 *** (3.812)	-0.609 *** (-3.835)
Share1	0.0034 (0.3)	0.00200 (0.806)	-0.002 * (-1.712)	0.00400 (1.418)
Indepence	-0.364 (-1.18)	-0.543 (-0.964)	0.276 (1.050)	-0.321 (-0.969)

续表

变量	全样本		创新投资不为 0 样本	
	RD_dummy		RD	
	（1）Logit	（2）Probit	（3）OLS	（4）FE
Growth	− 0.085 *** （− 5.27）	− 0.150 *** （− 5.090）	0.0100 （0.562）	− 0.034 ** （− 2.092）
Age	− 0.356 *** （− 13.35）	− 0.647 *** （− 12.978）	− 0.185 *** （− 8.822）	− 0.281 *** （− 5.405）
Mshares	0.824 *** （5.63）	1.684 *** （5.792）	0.109 （1.257）	0.613 ** （2.270）
Dual	0.046 （1.07）	0.0930 （1.160）	0.091 *** （2.803）	− 0.0670 （− 1.480）
Cons	− 0.972 ** （− 2.26）	− 1.570 ** （− 2.011）	3.361 *** （7.501）	9.371 *** （7.189）
Ind	控制	控制	控制	控制
Year	控制	控制	控制	控制
Firm	—	—	—	控制
N	14530	14530	11656	11656
Adj R²	—	—	0.255	0.128
LR chi2	6400.12 *** （0.000）	6369.18 *** （0.000）	—	—

注：括号内为 t 值，*** 、** 、* 分别表示显著性水平为1%、5%、10%。

4.4　进一步分析

4.4.1　内生性检验

融资融券对企业创新投资的研究可能受到内生性问题的影响。如研究中遗漏了重要变量，结果产生了伪相关问题，不能进行融资融券业务的企业本身的创新投资水平就比较低。为了减少模型的内生性问题，本书进一步使用倾向得分匹配（PSM）对实验组的数据进行了一一匹配，使用 PSM 后获得的数据重新进行双重差分（DID）的分析。

4.4.1.1　倾向得分值估计

上交所 2015 年颁布的融资融券交易实施细则中申请成为融资融券标的股票的条件主要包括：交易超过三个月；流动股本或市值不低于 5 亿元；股东人数不少于 4000 人；同时对换手率和涨跌幅水平有相应的规定。因此参照沪深交易所颁布的《融资融券交易实施细则》中相应的融资融券标的股票筛选标准，借鉴靳庆鲁（2016）、权小锋（2017）等的做法，选出股票日波动率、日换手率、股东人数、流通股占比、企业上市时间、企业是否在主板上市作为匹配变量，同时控制了行业、年度的影响，对实验组企业进行了有放回的一对一匹配，得到基于 PSM 方法的匹配样本。其中日波动率根据每日的波动率计算年平均值，日换手率根据交易日的换手率计算年均值，股东人数用股东人数的自然对数表示，上市时间用上市年限的自然对数衡量，由此得到各上市公司的倾向得分值。

4.4.1.2　样本匹配结果分析

基于倾向得分匹配的方法对各样本进行有放回的一对一最近邻匹配，对匹配的有效性进行检验。首先，根据匹配前后的结果可以看出，匹配变量满足 PSM 要求的第一个假设条件即共同支撑假设。其次，表 4-7 反映了所选取的上市公司变量在进行匹配前后的均值对比和差异性检验。可以看出匹配前各变量的均值均存在显著性差异，匹配后两组企业的公司特征值均不存在显著差异（匹配后均值的标准化偏差均小于 10% 且匹配后所有 P 值均大于 0.1），满足 PSM 的第二个假设即平衡假设。

表 4-7　　　　　　　　变量匹配前后差异对比

变量	样本匹配	均值			T 检验	
		实验组	控制组	标准化偏差	T 值	P 值
波动率	匹配前	0.501	0.528	-19.2	-11.33	0.000 ***
	匹配后	0.501	0.505	-2.7	-1.5	0.133

67

变量	样本匹配	均值			T 检验	
		实验组	控制组	标准化偏差	T 值	P 值
换手率	匹配前	0.0217	0.0293	-42.2	-24.76	0.000 ***
	匹配后	0.0217	0.0218	-0.4	-0.26	0.798
流通股占比	匹配前	0.785	0.692	37.3	22.11	0.000 ***
	匹配后	0.785	0.779	2.5	1.45	0.148
所属版块	匹配前	0.259	0.554	-63.0	-37.08	0.000 ***
	匹配后	0.259	0.261	-0.3	-0.19	0.851
股东人数	匹配前	10.799	10.1	77.1	46.88	0.000 ***
	匹配后	10.799	10.816	-1.9	-0.85	0.396
上市时间	匹配前	2.136	1.704	51.3	30.00	0.000 ***
	匹配后	2.136	2.136	0.0	0.01	0.991

4.4.1.3 融资融券对企业创新投资的影响

以匹配后样本为基础，采用模型式（4-1）进行回归，具体结果如表4-8所示。结果表明，匹配后当创新投资额比重作为因变量时，无论是采用混合 OLS 回归还是采用 Tobit 回归，List × Post 的系数均在1% 的显著性水平下显著为正，如列（1）和列（2）所示，与匹配前结论一致，这说明前述得到的结论是可靠的。

表4-8　　　PSM 后融资融券制度与企业创新投资的回归结果

变量	RD	RD
Method	OLS（1）	TOBIT（2）
List	0.153 *** (3.703)	0.210 *** (4.094)
List × Post	0.217 *** (3.938)	0.210 *** (3.191)
Size	-0.0290 (-1.373)	-0.0370 (-1.404)

续表

变量	RD	RD
Method	OLS（1）	TOBIT（2）
Lev	− 0. 369 *** （− 3. 886）	− 0. 446 *** （− 3. 830）
Roa	2. 708 *** （8. 272）	3. 641 *** （8. 887）
Q	0. 055 *** （5. 389）	0. 040 *** （3. 184）
Cf	0. 488 *** （2. 683）	0. 526 ** （2. 352）
Cash	0. 262 ** （2. 015）	0. 294 * （1. 893）
Share1	− 0. 00200 （− 1. 579）	− 0. 00100 （− 1. 101）
Indepence	0. 445 （1. 528）	0. 523 （1. 499）
Growth	− 0. 00100 （− 0. 074）	− 0. 0350 （− 1. 642）
Age	− 0. 283 *** （− 12. 203）	− 0. 375 *** （− 13. 548）
Mshares	0. 286 *** （2. 713）	0. 273 ** （2. 213）
Dual	0. 137 *** （3. 835）	0. 149 *** （3. 511）
Cons	0. 114 （0. 239）	− 1. 785 *** （− 3. 024）
Ind	控制	控制
Year	控制	控制
N	9843	9843
Adj R^2	0. 317	—
LR chi2	—	4912. 07 *** （0. 000）

注：括号内为 t 值，***、**、* 分别表示显著性水平为 1%、5%、10%。

4.4.2 稳健性检验

为了继续验证得到结论的可靠性，本章从三个方面进行了稳健性
检验。

4.4.2.1 保留融资融券当年数据，但令 Post = 0

融资融券在推出前市场可能会提前做出反应，把进入融资融券标的
当年的企业纳入在内，在研究是否成为融资融券对企业研发投资的影响
时可能会产生一定程度的偏误。为了保证融资融券制度对企业创新投资
的影响效果，从实施融资融券业务的下一年开始定义标的股票的融资融
券变量 Post 为 1，改变 Post 变量定义之后的回归结果如表 4 - 9 所示。

表 4 - 9 中的列（1）是采用 OLS 进行回归的结果，列（2）是采用
TOBIT 方法的实证结果，两种方法检验中差分项 List × Post 的系数均在
1% 的显著性水平下显著为正，融资融券制度的引入确实对企业的创新
投资产生了正向的激励作用，结论是稳健的。

70

表 4 - 9   改变 Post 变量定义后融资融券制度与企业创新投资的回归结果

变量	RD	
Method	OLS（1）	TOBIT（2）
List	0. 180 *** （5. 442）	0. 237 *** （5. 834）
List × Post	0. 122 *** （2. 667）	0. 171 *** （3. 149）
Size	- 0. 042 *** （ - 2. 708）	- 0. 054 *** （ - 2. 818）
Lev	- 0. 166 ** （ - 2. 114）	- 0. 177 * （ - 1. 853）
Roa	2. 652 *** （9. 738）	3. 472 *** （10. 343）
Q	0. 066 *** （7. 971）	0. 052 *** （5. 261）

变量	RD	
Method	OLS（1）	TOBIT（2）
Cf	0.375 ** （2.525）	0.396 ** （2.194）
Cash	0.461 *** （4.440）	0.504 *** （4.090）
Share1	−0.002 *** （−2.741）	−0.002 ** （−1.964）
Indepence	0.0820 （0.363）	−0.0170 （−0.064）
Growth	−0.0110 （−0.784）	−0.039 ** （−2.263）
Age	−0.262 *** （−14.372）	−0.345 *** （−15.967）
Mshares	0.275 *** （3.458）	0.268 *** （2.898）
Dual	0.093 *** （3.244）	0.099 *** （2.923）
Cons	0.457 （1.319）	−1.146 *** （−2.681）
Ind	控制	控制
Year	控制	控制
N	14530	14530
Adj R^2	0.318	0.287

注：括号内为 t 值，*** 、** 、* 分别表示显著性水平为 1%、5%、10%。

4.4.2.2　融券交易量及融券余量的影响

融资融券业务在推出之前可能会使企业、市场提前做出反应，因此对企业管理层等产生一定的事前威慑作用，然而其具体发挥的效果还有赖于融资融券业务的交易量和余量。融资融券的监督约束作用主要是通过挖掘并传播利空消息来实现的，当市场上的融资融券交易者数量较少尤其都是一些中小交易者时，交易的影响是比较小的。只有当市场上存在大量的交易者，融资融券交易量达到一定规模时，才能充分发挥外部治理的作用，对管理层的相关决策产生一定的影响。因此，为了更准确地验证融资融券对管理层行为的影响并进一步得知其对企业创新投资的影响，有必要考虑在企业能够开展融资融券业务的前提下，融资融券业务的规模量对企业创新投资的影响。由于创新投资值有诸多为零的分布特点，同样，在进行回归的过程中采用 OLS 和 TOBIT 两种方法进行。表 4 – 10 中的列（1）和列（2）展示了融券余量即可卖空股票的数量对创新投资的影响。可以看出，无论是使用 OLS 回归还是使用 TOBIT 融券余量（可卖空量）与创新投资的系数均显著为正，说明可卖空的股票数量越多，其对创新投资的促进作用会更大。列（3）和列（4）给出了融券卖出量对企业创新投资的回归结果。结果显示，OLS 回归的系数（$\beta = 0.035$，$t = 3.395$）和 TOBIT 回归的系数（$\beta = 0.051$，$t = 4.324$）均在 1% 的显著性水平下为正，即融券交易量越多，融资融券制度对创新投资产生的激励作用越大。回归结果与前述融资融券制度会增加企业创新投资的结论一致，说明上市公司实施融资融券制度之后确实对企业管理层的代理行为产生了有效的监督，管理层花费更多的时间和精力在创新活动上，创新投资额增加。

表 4 – 10　　融券余量与融券卖出量与企业创新投资的回归结果

变量	RD			
Method	OLS（1）	TOBIT（2）	OLS（3）	TOBIT（4）
Short1	4.662 * (1.821)	8.168 *** (2.734)	—	—
Short2	—	—	0.035 *** (3.395)	0.051 *** (4.324)
Size	0.00700 (0.484)	0.0110 (0.631)	0.00200 (0.127)	0.00600 (0.319)
Lev	− 0.322 *** (− 4.239)	− 0.368 *** (− 3.976)	− 0.313 *** (− 4.115)	− 0.354 *** (− 3.816)
Roa	2.992 *** (11.122)	3.907 *** (11.764)	2.990 *** (11.122)	3.909 *** (11.779)

续表

变量	RD			
Method	OLS（1）	TOBIT（2）	OLS（3）	TOBIT（4）
Q	0.074 *** （9.102）	0.062 *** （6.287）	0.075 *** （9.257）	0.064 *** （6.507）
Cf	0.482 *** （3.253）	0.503 *** （2.790）	0.492 *** （3.323）	0.519 *** （2.880）
Cash	−0.0230 （−0.312）	0.0120 （0.135）	−0.0290 （−0.392）	0.00400 （0.043）
Share1	−0.003 *** （−3.039）	−0.002 ** （−2.340）	−0.003 *** （−2.953）	−0.002 ** （−2.256）
Indepence	0.0850 （0.376）	−0.0210 （−0.078）	0.0910 （0.401）	−0.0100 （−0.036）
Growth	−0.00600 （−0.418）	−0.032 * （−1.909）	−0.00600 （−0.406）	−0.032 * （−1.894）
Age	−0.259 *** （−14.366）	−0.338 *** （−15.786）	−0.260 *** （−14.434）	−0.339 *** （−15.840）
Mshares	0.219 *** （2.771）	0.196 ** （2.132）	0.223 *** （2.822）	0.199 ** （2.175）
Dual	0.099 *** （3.459）	0.105 *** （3.111）	0.100 *** （3.481）	0.106 *** （3.149）
Cons	−0.459 （−1.372）	−2.378 *** （−5.736）	−0.351 （−1.076）	−2.266 *** （−5.612）
Ind	控制	控制	控制	控制
Year	控制	控制	控制	控制
N	14530	14530	14530	14530
Adj R^2	0.315	—	0.316	—
LR chi2	—	7221.65 *** （0.000）	—	7232.86 *** （0.000）

注：括号内为 t 值，*** 、** 、* 分别表示显著性水平为 1%、5%、10%。

4.4.2.3 控制变量滞后一期

由于企业在进行创新投资决策的过程中会参考公司当前的信息，使用通过年末数据得到的控制变量有可能产生误差，因此本书将控制变量滞后一期观察回归结果，如表4－11所示。从结果可以看出，差分项 List × Post 的回归系数均在 10% 的显著性水平下为正，再一次证明了结论的稳健性。

表4－11　　控制变量滞后一期后融资融券制度与企业创新投资的回归结果

变量	RD	
Method	OLS（1）	TOBIT（2）
List	0.214 *** (5.349)	0.259 *** (5.473)
List × Post	0.087 * (1.774)	0.109 * (1.912)
Size	−0.080 *** (−4.595)	−0.085 *** (−4.145)
Lev	−0.139 (−1.548)	−0.135 (−1.287)
Roa	2.904 *** (9.474)	3.631 *** (10.064)
Q	0.044 *** (4.638)	0.036 *** (3.343)
Cf	0.300 * (1.807)	0.219 (1.128)
Cash	0.628 *** (5.427)	0.658 *** (4.969)
Share1	−0.002 ** (−2.108)	−0.00200 (−1.616)
Indepence	0.153 (0.600)	0.0480 (0.164)

续表

变量	RD	
Method	OLS (1)	TOBIT (2)
Growth	0.00800 (0.496)	−0.0190 (−1.000)
Age	−0.245 *** (−11.898)	−0.312 *** (−13.185)
Mshares	0.199 ** (2.217)	0.168 * (1.658)
Dual	0.106 *** (3.273)	0.109 *** (2.940)
Cons	1.424 *** (3.687)	0.496 (1.094)
Ind	控制	控制
Year	控制	控制
N	11773	11773
Adj R^2	0.309	—
LR chi2	—	5361.64 (0.000 ***)

注：括号内为 t 值，*** 、** 、* 分别表示显著性水平为1%、5%、10%。

4.5　本章小结

我国的融资融券制度开始于 2010 年，远远落后于股票市场的发展。经过融资融券标的逐步扩容的阶段，截至 2016 年底标的股票数量已占 A 股上市公司较大比例，融资融券的作用正逐步显现。已有的文献多证实了融资融券这一制度改变对市场效率等方面的影响，本章基于双重差分（DID）模型通过监督约束假说和市场压力假说讨论了融资融券对企业创新投资的影响。结果发现，在我国的环境中，监督约束的作用是无限的，而市场压力的作用是非常有限的，融资融券的引入降低了企业的信息不对称程度，减少了管理层在创新过程中的短视行为，对企业创新投资产生正向的激励作用。为了保证结论的可靠性，进一步通过倾向得分匹配（PSM）、改变变量定义、使用融券余量和交易量、控制变量滞后一期等方法进行了内生性和稳健性检验，结果与最初的回归结果一致。

第5章 异质性视角下融资融券对创新投资的影响

5.1 研究假设的提出

融资融券交易者仅仅是市场的一个参与主体，从外部揭示企业的相关信息，进而对企业管理层施加压力，改变其决策行为，但其并不直接参与企业的治理过程。因此，融资融券作用的发挥还依赖于公司的"队友"（贺学会等，2016），才有可能更好地实现其功能，同时当公司处于不同的情境时融资融券所能发挥的作用也会不同。融资融券发挥监督治理作用对创新投资产生影响是通过降低企业信息不对称、改变管理层对失败的容忍程度、抑制其机会主义行为完成的。基于此，本章进一步从企业层面和管理者层面特征的视角考虑融资融券对企业创新投资产生的不同影响。企业层面主要从企业产权、行业属性、治理环境、融资约束程度和其所处的市场化环境来阐述，管理者层面特征则主要包括管理者过度自信和管理者任期。

5.1.1 企业异质性

已有的研究多是基于企业同质的特征，事实上企业是异质的，因为同样的政策会对不同的企业产生不同的影响，企业既有内部的异质性又有外部的异质性（易靖韬，2015）。企业异质性是更好地认识并理解企业行为的基础，包括产权、行业以及所处市场环境的异质性等。

5.1.1.1 产权性质

融资融券是资本市场上的一项制度创新，其作用的发挥与已有制度环境密切相关，从企业内部看，由于中国特殊的制度背景，上市公司存在不同的产权性质。

已有的多数文献认为国有企业和非国有企业在经营及效率方面存在一定的差异。产权作为上市公司自有的属性，对企业的经营活动有着重要的影响，确实能使融资融券机制的作用发生变化。首先，相对于非国有企业，国有企业更容易受国家支持，便捷地获得银行贷款，企业创新活动面临的资金约束问题也较小，企业出现创新投资不足的概率相对非国有企业较低。其次，国有企业多处于垄断行业中，管理人员有相当比例的具有从政经历，虽然企业与外部市场的信息不对称程度较高，但在允许进行融资融券交易后，当投资者想通过挖掘企业的负面信息卖空股票时，由于国有企业本身具有的政府属性，投资者很难挖掘国有企业的信息并传播到资本市场中，因此融资融券对国有企业管理层的监督力度有限。最后，非国有企业较少受到政府部门的干预，相对来说更以股东利益最大化为经营目标，而国有企业承担着有关社会稳定等方面的任务（李文贵，2015），管理层出于对未来政绩的考虑，面对融资融券产生的价格下行压力，会率先提高短期经营业绩，增加了价格压力对创新的抑制作用。另外从管理层自身来说，相对于非国有企业，国有企业的管理者由于其相关的从政经历，融资融券的事前威慑效果有限，外部监督对其行为并不会产生太大的影响。综上提出以下假设：

假设 5-1：相对于国有企业，非国有企业引入融资融券机制能对创新投资产生更加明显的激励作用。

5.1.1.2 行业属性

与一般的传统企业有所不同，高科技企业会从事密集的研发或创新活动，存在双重的信息不对称。一方面，高科技企业与外部存在信息不对称。高科技企业拥有更多的无形资产，可抵押性较低，形成了与外部投资者的信息不对称。同时高科技企业涉及诸多的商业秘密和知识产权等企业的重要资源（洪少枝等，2011），从企业资源的安全性考虑，管理层并不愿意过多地将这些信息披露给外部投资者（余翔、李伟，

2013），企业内部与外部存在高度的信息不对称。因此，外部投资者由于缺乏对企业投资项目的了解，在进行投资时会格外谨慎，导致管理层放弃一些高风险项目，使企业的创新投资受到抑制。另一方面，高科技企业内部存在信息不对称。高科技企业从事技术难度较高的活动，由于项目的专业性，股东及管理层了解项目的真实情况会付出更多的时间成本，产生高于传统企业的信息不对称问题，企业放弃优质项目的概率升高，减弱了企业对创新活动的积极性。

资本市场的融资融券交易通过降低信息不对称监督管理层的行为，进而对创新投资产生激励作用。在高科技企业中，企业的信息不对称程度较高，融资融券交易者有更大的动力挖掘企业的相关信息，通过挖掘到的信息对企业有更加全面的了解，股东对管理层进行更加严格的监控，外部投资者知道更多关于创新的信息，引入融资融券机制对高科技企业的创新投资产生更大的影响。相反，在非高科技的企业中，其信息不对称程度相对较低，可供融资融券交易者进行挖掘的信息也相应减少，由于企业涉及的保密项目少，企业刻意隐瞒的信息有限，引入融资融券机制后卖空交易者虽然也会进行信息挖掘，但其产生的作用相对较小。

基于以上论述，提出以下假设：

假设 5-2：相对于非高科技企业，高科技企业中引入融资融券机制对创新投资的正向促进作用更加显著。

5.1.1.3　公司治理水平

对上市公司来说，融资融券机制能够发挥监督约束作用，在一定程度上抑制管理层的机会主义行为，使企业进行更多的创新活动，是外部治理机制的一种重要补充形式。基于融资融券的外部治理作用，本书考虑当企业治理水平有所差异的情形下，融资融券所发挥的作用是否发生变化并对创新投资产生不同的后果。因此，本书将从是否被四大审计、分析师跟踪人数两个方面考虑企业内部治理环境不同时融资融券对创新投资的作用。

（1）是否被四大审计

审计质量的高低在很大程度上能代表企业的内部治理水平，因为国际四大会计师事务所具有更高的专业与独立性（梁上坤等，2015）。舵普奇等（Dopuch et al.，1980）、奥基夫等（O'keefe et al.，1992）分别从同业检查的严格性和知识投资的多样性指出，大事务所的专业水平更高；迪安杰洛（DeAngelo，1981）、戴伊（Dye，1993）则具体说明了大事务所的独立性，其分别依据的是大事务所较少迎合客户和"深口袋"理论。因此，与其他规模较小的事务所相比，国际四大事务所能向利益相关者提供更加客观的报告，无论是从发展还是从规模上，四大事务所都具有较大的优势，审计质量也可以保证。

所以，本书考虑在不同的审计质量下，融资融券对创新投资的作用是否会发生改变。外部审计是公司治理能力的一种重要表现形式，信息披露质量高的公司倾向于选择高质量的审计师，而高质量的审计师可以降低企业的信息不对称程度，抑制管理者的机会主义行为。若企业本身的信息透明度高且资金充裕，那么是否引入融资融券制度所能带来的边际作用很小。相反情况下，非四大审计的企业本身的信息透明度不高，成为融资融券标的之后企业的信息环境由于卖空交易者的存在可以被显著改善，从而会对企业的创新投资有显著的提升作用。

基于此，提出以下假设：

假设5-3：相比于非四大审计的企业，融资融券对企业创新投资的正向作用在不被四大审计的企业中更加显著。

（2）分析师跟踪人数

分析师跟踪也是重要的外部治理作用之一。当前，诸多研究证实了分析师跟踪或分析师关注对企业行为的影响，但是国内外的结论并不统一。何杰和田轩（He & Tian，2013）利用美国的数据发现，当被跟踪企业获得更多的分析师关注时，企业创新绩效下降，这可能是因为较多的分析师使管理层面临较大的短期业绩压力，管理层从自身的利益收入和职业风险考虑，减少对创新等风险项目的投资。然而由于国内外资本市场环境的差异，加之我国经理人市场不够完善、公司股权集中度较高等原因，分析师对我国企业的创新产生了不同影响。分析师跟踪可以通过缓解企业创新过程中的信息不对称和代理问题显著提高被跟踪企业的创新绩效（陈钦源等，2017）。

首先，分析师可以向市场和外部投资者传递有用信息缓解创新活动中的信息不对称，进而使管理者有更强的意愿从事创新活动。相对于普通的投资者，分析师具有更强的专业性，可以独立、完整地对上市公司的相关信息进行搜集、解读并简洁地传递给投资者。特别地，创新作为能提升企业价值的长期战略项目会获得分析师的重点关注，且分析师更容易评估企业创新项目的价值。同时，分析师是独立于企业而存在的，具有客观性的特征，其提供的创新信息使投资者更加信服。概括而言，分析师可使外部投资者更加准确、全面地了解公司创新项目的真实价值，降低了企业创新项目的价值被低估的可能性，从而使管理者有更大的意愿去开展创新活动。其次，分析师对企业的跟踪也使得投资者的逆向选择行为减少。分析师对企业的创新活动具有监督作用，同等条件下创新资金投入的效率提升，代理冲突对创新的不利影响降低。已有的文献表明，分析师可以通过实地的考察、与管理层的直面沟通等方式对管理层进行直接监督，减少了管理者在创新决策过程中的机会主义行为。譬如，分析师跟踪通过其监督作用降低了企业盈余管理水平（李春涛，2014）、减少了企业内部人交易的收益（李琳、张敦力，2017）、平缓了企业高投资现金流敏感性（宫义飞、郭兰，2012）、抑制了管理者的违规披露行为（潘越，2011）等。也有相关研究表明，分析师会格外关注那些对企业未来价值有益的项目，如研发、无形资产等，对这些项目尤其投入更大的关注（徐欣、唐清泉，2010；Barth，2001）。

　　因此，分析师跟踪也是公司治理水平的重要体现形式。分析师跟踪人数越多，说明该企业的治理水平越高，如果企业的分析师跟踪人数较少或者企业根本没有分析师的跟踪，那么此企业的治理水平也比较低。通过分析师的跟踪行为，外部投资者能够获悉创新所带来的未来价值，缓解由于信息不对称造成的逆向选择问题，增强管理者从事创新活动的意愿。在实施融资融券后，其通过挖掘信息抑制管理者机会主义行为增加创新投资的边际作用相对较小。然而在相反的情况下，没有分析师进行跟踪或者分析师跟踪人数较少，企业的信息环境较差、信息不对称问题严重，融资融券制度的引入会产生更大的效果，管理者的机会主义行为可有效降低，增加了对企业的创新投资。

　　基于上述分析，提出以下假设：

　　假设 5－4：融资融券与企业创新投资之间的正向关系在分析师跟踪人数较少的企业中更加显著。

5.1.1.4　融资约束程度

　　融资约束假说是根据信息不对称理论提出的（Fazzari，1988）。MM

理论假设资本市场是完美的、信息是对称的，认为企业的最优投资水平与资本结构无关，来自内部的融资和来自外部的融资其成本是无差异的。实际上，现实的资本市场并不完美，信息不对称导致外部投资者对企业创新了解较少，很难准确识别企业的创新机会，管理者出于职业生涯的考虑会拒绝高风险的创新，且创新的产出大多是无形的，与银行等金融机构对抵押品的要求有所差别，银行不愿意贷款给企业进行创新活动，创新面临融资约束的问题。

融资约束是企业创新过程中普遍存在的问题。企业与外部投资者的信息不对称使外源融资成本远远高于内源融资成本，产生企业的融资约束问题，企业的创新活动受到影响。第一，当企业面临显著的融资约束时创新投资会减少（Savignac F.，2008），因为融资约束限制了企业的自有资金。资金是企业进行创新的前提条件，拥有了充裕的资金，企业才有能力进行后续的一系列活动。当企业面临融资约束时，企业会放弃原本要进行的净现值大于 0 的创新项目，导致企业对创新投资的不足。企业融资约束的缓解与企业创新之间存在相互加强的效应（袁其刚等，2014）。第二，融资约束降低了管理层对风险的承担（程小可等，2016）。融资约束问题导致的管理层对某些投资项目的放弃会影响企业当期收益，管理层的个人收益也相应受到影响，在这种情形下，管理层会优先把企业所拥有的有限的资金投向可以在短期内收益的项目，无暇顾及对长期的创新项目的投资。概括而言，融资约束一方面会改变管理层对风险的偏好，另一方面对创新需要的资金有所限制。

融资融券影响企业创新投资的一条主要路径是降低企业的信息不对称程度。如果企业面临较大的融资约束，也即企业与外部投资者之间具有更加严重的信息不对称，此时企业引入融资融券制度，交易者会更加积极挖掘企业的相关信息，使企业具有更高的信息透明度，融资融券能够发挥更大的作用，从而对企业的创新投资产生更多影响。同时，融资约束程度高时，管理层对风险的承担水平较低，管理层的机会主义行为有更大的可能发生，此时融资融券可发挥更好的作用。在相反的情况下，如果企业面临的融资约束问题较小，那么企业本身具有较高的信息透明度且内部资金充裕，管理层也能承担较大风险，发生机会主义行为的可能性降低，引入融资融券机制对创新投资所能带来的作用会非常小。

基于此，提出以下假设：

假设 5-5：相比于不存在融资约束的企业，引入融资融券机制与创新投资之间的正向关系在融资约束严重的企业中更加显著。

5.1.1.5 市场化程度

融资融券作为我国资本市场上的一项新兴制度，其能否发挥预期作用被投资者所接受，与所处的外部环境密切相关。陈晖丽等（2014）实证检验了市场化程度在融资融券影响盈余管理中发挥的作用，指出在市场化程度高的地区，融资融券对盈余管理有更强的抑制作用，在市场化程度较低的地区则没有明显的效果。同样，创新投资也是企业管理层的一项重要决策，在引入了融资融券机制后进行创新投资决策的过程中，处于高市场化程度地区的企业其管理层与股东、外部投资者之间的信息不对称程度减小，代理问题减弱，对企业创新投资产生更强的促进作用，主要体现在以下几个方面：

首先，我国企业的融资融券业务需要复杂的申请程序，只有通过了相关专业部门的测评，投资者才能申请开展交易。市场化程度较高的地区，金融发展水平也相对较高，可以使投资者在速度更快、成本更低的获得渠道进行专业学习，减少了由于跟风而进行融资融券交易的被动交易者。

其次，相关统计显示具有融资融券资格的证券公司多处在市场化程度较高的大城市，为投资者参与交易提供了良好的基础与平台，进而影响了交易的深度及广度。

再次，多数的上市公司处于市场化程度更高的地区，与上市公司更近的地理距离使融资融券交易者更有可能挖掘到企业的负面信息，进而通过卖空的形式约束企业管理层的行为。

最后，融资融券交易者之间的集聚会产生更强的监督效应。在市场化程度较高的地区，参与融资融券交易的投资者数量也相应较大，挖掘到的企业负面消息可以进行更加广泛的传播，提高了信息的传播速度，融资融券机制的作用能更好、更充分发挥。

基于此，提出以下假设：

假设 5-6：在市场化程度较高的地区，融资融券机制的引入对企业创新投资产生更加明显的激励作用。

5.1.2 管理者异质性

管理者作为企业中最重要的决策制定者，对于企业的创新项目，需要负责收集创新的资源、制定公司的战略并最大化公司的绩效。CEO 的动机、管理方式以及个人特征均会在其行为上有所体现（韩静等，2016）。因此，基于管理者的特征对企业的创新投资行为产生的影响，讨论不同管理层的特征在融资融券与创新投资之间所发挥的不同作用是非常有必要的，本书主要考虑管理层过度自信、管理层任期。

5.1.2.1 管理层过度自信

创新是一项特殊的投资项目，创新项目的成功是体现企业家才能的一个重要指标（刘畅，2016）。过度自信的管理者一般会高估自身能力，认为自己能胜任难度较大的项目，从而热衷于冒险行为，鉴于创新项目的高风险性，其成为过度自信管理者愿意追逐的项目。研究管理者过度自信与企业投资的过程中，"狂妄自大假说"（Roll，1986）和"管理者乐观假说"（Heaton，2002）是最常用到的两种理论。存在过度自信倾向的个体通常会低估失败的概率而高估成功的概率，把成功归于自己的能力，低估甚至忽略机遇、运气等所发挥的作用（饶育蕾，2015）。具体表现为：①对可行性估计缺乏准确性。认为肯定会发生的概率（80%）远远大于不太可能发生的概率（20%）。②估值的置信区间过于狭窄，比如98%的置信区间中只包含了60%的真实数量。③控制幻觉。如在买彩票时，会认为自己抽取获奖的概率要大于随机分配获奖的概率，事实上两种方式并未有区别。④过度乐观，对将要发生事件的可能性估计过高。决策过程越有挑战，过度自信能发挥作用的空间越大，与一般的投资项目相比，创新有更长的周期，同时也具有更高的挑战，因而过度自信的管理者会愿意开展创新活动，创新投资受到影响。鉴于过度自信的管理者所表现出来的特征可以知道，过度自信的管理者机会主义动机很小，对创新呈现热衷的态度，具体由以下几个方面考虑：

第一，过度自信的管理者具有创新的动力，对创新活动持积极态度。依据行为动机理论，只有当管理层有动机驱使时，其才会从事某项活动。动机有内在和外在之分，外在动机可能来自市场的压力、股东的压力或政府施加的压力。内在动机主要是指管理者自身的动机，过度自信的管理者性格中具有不怕失败、勇于冒险的精神或基因，存在创新的动力，对创新持积极态度。

第二，过度自信的管理者更喜欢进行有风险的工作。管理者过度自信与企业的风险承担水平正相关（余明桂，2013），过度自信的管理者更愿意承担较大的风险。企业家精神是推动创新的有效动力之一，自信是企业家精神的重要体现之一（翟淑萍，2016）。作为一项长期的、复杂的投资活动，创新所表现出来的任务难度（Langer，E. J，1975）和参照点模糊（Alicke，M. D，1995）等特征都需要管理层具有比较自信的心理倾向。

第三，过度自信的管理者往往会低估风险、高估收益。行为金融学的相关研究表明，过度自信的管理者对未来的投资环境有较乐观的估计，同时也对自己的能力有较高的评价。管理者进行创新决策的过程中，容易对自己的决定能力有估计误差，认为其获取的信息具有更高的准确性，使创新可以带来的收益被高估、可能出现的失败风险被低估，创新决策被否决的可能性降低，增加对创新的投资。赫舒拉发等（Hirshleifer et al.，2012）指出创新失败概率被低估、获得收益被高估的现象确实存在于有过度自信管理者的企业中。

第四，过度自信的管理者存在控制幻觉，期望通过创新彰显其能力和事业心。创新的成功会大大提升管理层的声誉和影响力，因此过度自信的管理者希望通过开展创新活动的方式彰显其能力和事业，加大对创新的投资，增加对市场的控制能力（Galasso & Simcoe，2011）。

决定创新与否的关键因素是企业和管理层对失败尤其是短期失败的容忍程度，也即对风险的承担程度。过度自信的管理者其所具有的内在特征使其对创新活动有足够的偏爱，对于普通的投资项目甚至有可能出现投资过度的现象（李婉丽等，2014），极少表现出对创新的保守主义行为。融资融券对创新投资的促进作用是通过减少委托代理问题、降低信息不对称而产生的。由高管过度自信所拥有的特征来看，高管越自信，其对自身的判断越有把握，越愿意进行创新项目，在创新项目上存在短视行为的可能性越小，新引入的融资融券所能发挥作用的空间比较有限。而当企业的管理者属于非过度自信的情形时，在对待创新的问题上管理者会表现出更多的短视行为。因此，当企业成为融资融券标的后，管理者的保守短视行为更容易被融资融券交易者所察觉，对创新投资产生更加积极的促进作用。

基于此，提出以下假设：

假设 5 - 7：融资融券制度与企业创新投资的正向关系在不存在管理者过度自信的企业中更加显著。

5.1.2.2 管理层任期

任期是管理层的重要背景特征之一，通常被视为管理层的管理生命周期。处于不同管理生命周期阶段的管理层由于不同的工作经历及不同的学习能力从而表现出不同的行为特征（陈华东，2016）。在管理者任期与投资之间的关系这一研究层次上，主要的观点包括"短期限决策""管理者权利""声誉影响"以及"管理的知识和技能"等，虽然研究文献较多，但并未得出统一的结论。

既有任期是已经履行职位的时间，管理层的既有任期越长，说明其已经在本企业工作的时间越长，相应地会有更加丰富的工作经历和工作经验，对行业和企业信息也有更加深入的了解。相比之下，既有任期短的管理者由于进入企业的时间有限，对公司信息了解不够深入，有关知识、能力水平都亟待建立和提升，他们可能不敢做出高风险的企业战略决策，创新的积极性受到限制。随着既有任期的增加，管理层也渐渐从不熟悉转为熟悉，对创新的投资也会增加。然而当既有任期增加到一定值以后，管理者不论是管理能力还是经营阅历都日益丰富，管理者也随之获得了一定的职业地位，其进行投资的机会成本也随之升高。管理者迫于既有职位和声誉的压力，使其"求稳"的心态稳居上位，更愿意维持现状，而不愿承担更多的创新风险，存在短视的行为。因此，对于任期较长的在位管理者，创新投资为其带来的私人收益要显著低于私人成本，导致其排斥变革与创新。企业的创新投资与管理者的既有任期之间存在倒 U 型关系。融资融券对创新投资的影响是通过约束管理层的机会主义行为发挥作用的，当既有任期较短时，管理层对创新投资的抑制作用主要是由于其对企业相关信息的不了解而造成的，管理层存在短视行为的可能性较小，此时引入融资融券制度之后其所能发挥的作用也是有限的。但是对于既有任期较长的管理者来说，其对创新的抑制作用更多的是管理层的自利行为造成的，当企业可以进行融资融券交易时，企业的信息透明度增加，由于企业管理者的既有任期较长带来的管理层的保守行为会得到有效的抑制，从而使融资融券能够发挥更大的作用。

除了既有任期外，管理层的任期还可以从预期任期来考虑。预期任期是对管理者未来的任职情况的一种估计，它代表管理者会继续任职的时间。如果预期任期时间短，管理层很快会离开现有岗位，根据理性经济人假设可以知道管理层会更容易出现短视行为（Dechow，1991），由此管理层会对短期的投资更加青睐，对诸如创新等的长期投资持保守态度。同时，较短的预期任期使得管理层与企业长期的收益联系不再紧密，企业的长期收益基本不会对管理层的个人收益有促进作用，降低管理层对创新活动的积极性。这种情形下，融资融券标的企业由于具有外部卖空者的监督，其会监督管理层，减少短视或机会主义行为的发生，对创新投资产生更大的作用。

基于此，提出以下假设：

假设 5-8：相对于管理层既有任期较短的企业，融资融券对企业创新投资的正向作用在管理层既有任期较长的企业会更加显著。

假设 5-9：相对于管理层预期任期较长的企业，融资融券对企业创新投资的正向作用在管理层预期任期较短的企业会更加显著。

5.2　研究设计

5.2.1　样本选择和数据来源

本章的融资融券数据以及财务数据等均来自 CSMAR 数据库、上海证券交易所和深圳证券交易所。融资融券数据通过上海证券交易所、深圳证券交易所和 CSMAR 数据库的数据整理后获得。产权性质、行业属性、是否十大审计来自 CSMAR 数据库，市场化程度来自王小鲁、樊纲（2017）的各省份市场化指数报告，分析师跟踪、融资约束、管理层过度自信和管理层任期数据根据 CSMAR、Wind 数据库中的数据计算获得。在对数据处理的过程中，为剔除异常值对结果的影响，对所有涉及的连续变量进行 1% 和 99% 水平上的 Winsorize 处理，文中对数据的处理均通过软件 Stata 13.0 完成。

5.2.2 变量选取

5.2.2.1 产权性质（Soe）

根据企业的最终控制人的性质确定企业的产权性质，如果企业的最终控制人为国有性质，则 Soe = 1，否则 Soe = 0。

5.2.2.2 行业属性——是否属于高科技行业（Tec）

经济合作与发展组织（OECD）对高科技行业给出了比较明确的界定，认为高科技行业主要包括航空航天制造业、计算机与办公设备制造业、电子与通信设备制造业、医药品制造业，这一分类也被世界上的大多数国家所接受；美国商务部依据研究开发强度和研发人员，提出高科技行业主要包括信息技术、生物技术和新材料技术三大领域；加拿大通过技术水平的高低来判断是否属于高科技行业；法国则认为高科技行业必须使用标准的生产线、具有高素质的劳动人员、拥有一定的市场占有率；澳大利亚则认定高科技行业要包含新工业或新技术的应用和新产品的产生等。我国对高科技行业没有明确的定义和界定，根据 OECD 的标准，按照国民经济行业分类标准（2017）和证监会行业分类名称（2012），结合已有文献（李莉、闫斌，2014；唐清泉、巫岑，2015）的做法，本书中的高科技行业包括以下行业：化学原料与化学品制造业（C26）、医药制造业（C27）、化学纤维制造业（C28）、铁路、船舶、航空航天器制造业（C37）、计算机通信和其他电子设备制造业（C39）、仪器仪表制造业（C40）、信息技术业（I）。如果企业所在的行业为以上的高科技行业，则 Tec = 1，其他的企业 Tec = 0。

5.2.2.3 审计师是否为国际四大会计师事务所（Big4）

如果企业当年的审计师就职国际四大会计师事务所，则令 Big4 = 1，其余情况 Big4 = 0。

5.2.2.4　分析师跟踪（Analyst）

参考已有文献的普遍做法，用某一年度内对一企业发布盈余预测的分析师人数来进行衡量，同时对分析师人数进行取自然对数的处理。如果一个团队的多人同时对企业的盈余进行了预测，这时的分析师跟踪人数视为 1。如果企业当年的分析师人数位于中位数以上，则令 Analyst = 1，其余情况 Analyst = 0。

5.2.2.5　融资约束程度（KZ）

当前，主要的融资约束衡量方法主要有三种。第一种是投资—现金流敏感度（Fazzari et al.，1988）。因为融资会影响企业的投资行为，因此最初通常用投资—现金流敏感度来衡量企业的融资约束程度，融资约束越强，投资—现金流敏感度越高。第二种衡量方法是 KZ 指数（Kaplan & Zingales，1997），其是基于一系列财务指标综合加权后得到的指数。第三种衡量方法是 WW 指数（Whited & Wu，2006），其是基于动态结构估计方法得到的指数。只有当把融资约束界定为内部资金耗尽、外部融资困难的情形投资—现金流敏感度才是一个很好的指标，否则投资—现金流敏感度的代表性则较差（邓可斌，曾海舰，2014）。借鉴魏志华（2014）、杨兴全等（2016）的做法，本书采用 KZ 指数衡量企业的融资约束程度。具体步骤如下：①按照资产负债率、现金持有量、经营现金流、每股现金股利支付情况、托宾 Q 值对样本进行分组，如果当年的资产负债率高于中位数，则 KZ1 = 0，其余为 0；如果当年的现金持有/期初总资产小于中位数，则 KZ2 赋值为 1，其余为 0；如果当年的经营现金流量/期初总资产低于中位数，则 KZ3 取 1，其余为 0；如果当年的现金股利支付率小于中位数，则 KZ4 = 1，其余为 0；如果企业当年的托宾 Q 值大于中位数 KZ5 取 1，企业为 0。②计算 KZ 值，KZ = KZ1 + KZ2 + KZ3 + KZ4 + KZ5。③由于 KZ 值为多值离散变量，因此采用 Ordered Logit 模型进行回归，计算各个特征的估计系数。④利用计算出的系数估算出 KZ 指数，KZ 指数越大，说明公司的融资约束问题越严重。如果 KZ 指数高于所在行业的年度中值，则说明该公司存在严重的融资约束问题，反之，该企业面临的融资约束问题比较弱。

$$Z_{i,t} = \beta_0 + \beta_1 Lev_{i,t} + \beta_2 Cash_{i,t} + \beta_3 WC_{i,t} + \beta_4 DIV_{i,t} + \beta_5 Q_{i,t} \qquad (5-1)$$

利用估计出的系数得到 KZ 指数的具体计算公式为：

$$Z_{i,t} = \beta_0 + 3.99802Lev_{i,t} - 6.671993Cash_{i,t} - 9.230222WC_{i,t}$$
$$- 6.40493DIV_{i,t} + 0.364615Q_{i,t} \qquad (5-2)$$

表 5 - 1 给出了各变量在融资约束低组与融资约束高组之间的差异。结果显示除了托宾 Q 值的组间差异 t 值略微较小，其他四个变量指标在融资约束低组与融资约束高组之间的差异均在 1% 显著性水平下显著，且两组的 Q 值均值差异较大。整体上表明上述五个指标能够较好地反映样本在融资约束程度上的差异。

表 5 - 1　　　　　　　　　融资约束变量的组间差异

变量	融资约束低组	融资约束高组	组间差异
LEV	0.363	0.578	- 0.215 *** (- 11.03)
CASH	0.252	0.159	0.092 *** (44.23)
WC	0.171	- 0.112	0.283 *** (2.77)
DIV	0.158	0.059	0.01 *** (39.64)
Q	2.35	7.88	- 5.52 (- 1.11)

注：*** 、** 、* 分别表示显著性水平为 1%、5%、10%。

5.2.2.6　市场化指数（Market）

公司按照樊纲、王小鲁（2017）的市场化指数分成两组，企业所在地区的市场化指数高于中位数，令 Market = 1，其他情况 Market = 0。

5.2.2.7　管理者过度自信（Overcon）

国内外对管理者过度自信的衡量方法主要有两种（朱磊等，2016）。一种是期权变动情况，一种是媒体评价方法。期权变动情况主要是指如果管理者长期持有股权不行权，则认为该管理者是过度自信的

（Malmendier，2003）。媒体评价法则主要通过杂志报纸中管理者的相关报道来确定，根据报道中"过度乐观""乐观""自信"等词判断管理者是否存在过度自信。由于我国企业的特殊情况，股权激励引入时间较晚，且实施制度并不完善，同时我国媒体对管理者是否乐观的报道也相对缺乏，对于我国的企业来说，这两种方法并不是特别适用。

本书借鉴姜付秀（2009）的做法，采用高管相对薪酬来衡量企业的管理者是否存在过度自信。通过比较特定公司与所有企业的"公司中前三名高管人员的薪酬除以高管人员薪酬总额"值来确定，如果企业的相对薪酬位于所有企业的中位数之上，则认定为该企业的管理层是过度自信的，则 Overcon 赋值为 1，否则说明企业的管理层不存在过度自信，Overcon 赋值为 0。

5.2.2.8 管理者任期（Tenure、Etenure）

当前对于管理层成员的界定尚未有统一的结论。从广义上来说，管理层包括董事会及监事会成员、总经理、副总经理、财务负责人等；狭义概念的管理层包括董事长和总经理。在计算任期的过程中，借鉴已有文献对管理层的界定（朱磊等，2017），本书的管理层包括董事长、副董事长、总经理和财务总监。既有任期按照管理者在公司任职的具体年限计算获得。预期任期则参照安蒂亚（Antia，2010）、张兆国（2014）等的做法计算而来：

$$\text{ETenure}_{i,t} = (\text{Tenure}_{ind,t} - \text{Tenure}_{i,t}) + (\text{Age}_{ind,t} - \text{Age}_{i,t}) \quad (5-3)$$

其中，$\text{ETenure}_{i,t}$ 表示 i 企业第 t 年的管理者的预期任期，而 $\text{Tenure}_{ind,t}$、$\text{Age}_{ind,t}$ 分别表示企业所在行业管理层的平均既有任期和企业所在行业管理层的平均年龄，$\text{Tenure}_{i,t}$、$\text{Age}_{i,t}$ 表示 i 企业 t 年的管理者既有任期和管理者年龄。计算得出的数值越大，说明管理者的预期任期越长，表示其能在企业继续工作的时间越长，数值越小，说明管理者的预期任期越短。

本章所用到的主要变量的定义描述如表 5-2 所示。

表 5-2　　　　　　　　　主要变量定义

变量性质	变量名称	变量符号	变量描述
因变量	创新投资	RD	R&D 支出总额/总资产×100%

变量性质	变量名称	变量符号	变量描述
自变量	融资融券变量	List	如果该公司在样本期间成为融资融券标的股票，则取值为1，否则为0
		Post	公司进入融资融券标的虚拟变量，公司成为融资融券股票的当年及之后年度取值为1，否则为0
	融券余量	Short1	融券可卖出股数/流通总股数
	融券卖出量	Short2	融券已卖出股数/流通总股数
企业特征	产权性质	Soe	国有企业 Soe 赋值为，否则为0
	行业属性	Tec	如企业属于高科技行业 Tec =1，否则为0
	四大审计	Big4	如企业被国际四大审计 Big4 =1，否则为0
	分析师跟踪	Analyst	如企业当年的分析师人数位于中位数以上，则 Analyst =1，否则为0
	融资约束程度	KZ	如计算得到的 KZ 指数高于所在行业的年度中值，则 KZ =1 否则为0
	市场化指数	Market	企业所在地区的市场化指数
管理层特征	管理层过度自信	Overcon	如相对薪酬位于所有企业的中位数之上则 Overcon =1，否则为0
	管理层既有任期	Tenure	管理者在公司任职的具体年限
	管理层预期任期	Etenure	由模型（5-3）计算得到
控制变量	企业规模	Size	总资产的自然对数
	杠杆率	Lev	资产负债率
	盈利水平	Roa	企业总资产收益率
	成长性	Q	企业托宾 Q 值
	现金流	Cf	经营活动的净现金流量/总资产
	现金持有	Cash	(货币资金+交易性金融资产)/总资产
	股权集中度	Share1	第一大股东持股比例
	管理层持股	Mshares	管理层总持股/总股数

变量性质	变量名称	变量符号	变量描述
控制变量	独立董事占比	Indepence	独立董事在董事中占比
	营业收入增长率	Growth	本年营业收入增加额/上年营业收入总额
	公司年龄	Age	公司成立期到样本期的年限
	两职合一	Dual	董事长与总经理是同一个人为1，否则为0
	行业	Ind	行业虚拟变量，属于该行业为1，否则为0
	年份	Year	年份虚拟变量，属于该年度为1，否则为0

5.2.3　计量模型构建

本章继续采用双重差分模型进行检验，在模型（5-4）的基础上考虑根据不同特征分组后企业引入融资融券制度对创新投资产生的不同影响。

$$RD_{i,t} = \alpha_0 + \beta_1 List_{i,t} + \beta_2 List_{i,t} \times Post_{i,t} + \sum Controls_{i,t}$$
$$+ \sum Ind + \sum Year + \varepsilon_{i,t} \qquad (5-4)$$

其中，$RD_{i,t}$ 表示企业创新投资占企业总资产的比重，List、List × Post 为融资融券变量，Controls 为控制变量，主要来源现有文献对创新投资的研究，从企业和管理层两个层面进行考察，包括企业规模（Size）、杠杆率（Lev）、盈利水平（Roa）、成长性（托宾Q）、企业经营净现金流（Cf）、企业现金持有情况（Cash）、股权集中度（Share1）、管理层持股比例（Mshares）、公司年龄（Age）、是否两职合一（Dual）、独立董事占比（Indepence）、营业收入增长率（Growth），同时模型中还控制了行业和年份。

5.3 实证结果分析

5.3.1 描述性统计分析

表5-3列示了异质性视角下创新投资均值的差异情况。可以看出，当企业的产权性质、行业属性、治理环境、融资约束程度、市场化程度不同时，企业的创新投资均值存在显著差异，管理者任期不同时创新投资也在1%显著性水平下存在差异，说明本书选取如上的异质性特征分析融资融券制度对创新投资的影响是合适的。

表5-3 描述性统计

		样本量（个）	创新投资均值	均值差异
产权性质	国有企业	6026	1.032	-0.754***
	非国有企业	8207	1.786	
行业属性	高科技行业	5196	2.134	1.002***
	非高科技行业	9316	1.132	
治理环境	四大审计	746	1.281	-0.209***
	非四大审计	13784	1.49	
	分析师跟踪人数多	7546	1.759	-0.107***
	分析师跟踪人数少	6984	1.866	
融资约束程度	融资约束程度高	6171	1.272	-0.326***
	融资约束程度低	6662	1.598	
市场化程度	市场化程度高	7202	1.866	0.771***
	市场化程度低	7190	1.095	
管理者过度自信	过度自信	6912	1.496	0.035
	非过度自信	7598	1.461	

续表

		样本量（个）	创新投资均值	均值差异
管理者任期	既有任期长	5272	1.46	−0.048*
	既有任期短	5873	1.508	
	预期任期长	7297	1.496	0.033*
	预期任期短	7233	1.463	

注：***、**、*分别表示显著性水平为1%、5%、10%。

5.3.2　回归结果分析

5.3.2.1　企业异质性

针对企业异质性会影响卖空引入对创新投资的影响，通过分组对内部产权性质与外部市场环境按照模型式（5-4）进行了进一步的分析。表5-4列示了在不同产权性质下融资融券对企业创新投资的影响。可以看出在非国有企业组，主要变量 List×Post 的系数（β=0.32，t=4.798）在1%的显著性水平下为正，说明融资融券制度的实施与创新投资呈现正相关关系，发挥了正向积极的作用，加强了对管理层的监督约束，管理层对创新投资产生更加敏感的反应。在国有企业组，List×Post 的系数不显著，融资融券制度对国有企业的创新投资不会产生明显的作用，甚至国有企业的管理者对此呈现负面的态度。相比于国有企业，非国有企业中融资融券会对创新投资发挥更加显著的作用，假设5-1得到验证。表5-4同样也给出了当企业属于不同的行业时，融资融券作用的发挥是否产生变化。可以看出，在高科技行业中差分项 List×Post 的系数（β=0.233，t=2.537）在5%的显著性水平下显著为正，融资融券发挥了对创新投资的促进作用；在非高科技行业中，List×Post 的系数（β=0.081，t=1.771）也是显著的，只不过显著性水平降为了10%，融资融券与创新投资也是显著正相关的。两组系数无法直接看到差异，进一步地，本书通过 Chow 检验对两组系数进行了比较，结果发现高科技行业中的系数0.233要显著大于非高科技行业中的系数0.081，融资融券制度在高科技行业中发挥了更加积极的作用，管理者的短视行为能够在更大的程度上被股东和外部的投资者所监督，管理层会更加积极的对待创新，增加对企业的创新投资。

表5-4　　企业异质性视角下融资融券制度与企业创新投资的回归结果1

变量	国有企业	非国有企业	高科技行业	非高科技行业
Method	OLS（1）	OLS（2）	OLS（3）	OLS（4）
List	0. 234 *** （5. 058）	0. 146 *** （2. 752）	0. 440 *** （6. 143）	0. 0420 （1. 153）
List × Post	− 0. 0430 （− 0. 732）	0. 320 *** （4. 798）	0. 233 ** （2. 537）	0. 081 * （1. 771）
Size	− 0. 128 *** （− 6. 204）	− 0. 057 ** （− 2. 147）	− 0. 0500 （− 1. 443）	− 0. 115 *** （− 7. 228）
Lev	− 0. 158 （− 1. 396）	− 0. 147 （− 1. 314）	0. 00300 （0. 021）	− 0. 112 （− 1. 348）
Roa	2. 687 *** （6. 728）	2. 913 *** （7. 597）	2. 342 *** （4. 433）	3. 011 *** （10. 241）
Q	0. 00200 （0. 136）	0. 077 *** （6. 945）	0. 092 *** （5. 958）	− 0. 0110 （− 1. 217）
Cf	− 0. 134 （− 0. 610）	0. 886 *** （4. 404）	0. 645 ** （2. 108）	0. 313 ** （2. 061）
Cash	0. 517 *** （3. 156）	0. 394 *** （2. 856）	0. 773 *** （3. 963）	0. 157 （1. 394）
Share1	0. 003 *** （2. 807）	− 0. 006 *** （− 4. 749）	− 0. 006 *** （− 3. 512）	0. 001 * （1. 655）
Indepence	− 0. 137 （− 0. 414）	0. 433 （1. 375）	1. 249 *** （2. 731）	− 0. 594 ** （− 2. 530）
Growth	0. 00500 （0. 268）	− 0. 0180 （− 0. 970）	0. 065 ** （2. 117）	− 0. 039 *** （− 2. 849）
Age	− 0. 284 *** （− 9. 478）	− 0. 245 *** （− 9. 734）	− 0. 430 *** （− 11. 581）	− 0. 175 *** （− 9. 340）

续表

变量	国有企业	非国有企业	高科技行业	非高科技行业
Method	OLS（1）	OLS（2）	OLS（3）	OLS（4）
Mshares	5.029 *** (6.643)	0.414 *** (4.538)	0.322 ** (2.073)	0.250 *** (2.982)
Dual	0.0430 (0.761)	0.147 *** (4.185)	0.135 ** (2.453)	0.064 ** (2.075)
Cons	2.324 *** (5.087)	0.503 (0.868)	− 0.745 （− 0.658）	2.483 *** (7.138)
Ind	控制	控制	控制	控制
Year	控制	控制	控制	控制
N	6026	8207	5196	9316
Adj R²	0.287	0.291	0.299	0.281

注：括号内为 t 值，*** 、** 、* 分别表示显著性水平为 1% 、5% 、10% 。

表 5 - 5 列示了企业是否被四大审计、分析师跟踪人数多少、融资约束程度高低、市场化指数高低等在融资融券发挥作用时的不同影响。列（1）和列（2）分别是审计师是四大和审计师非四大情境下的结果，列（1）中 List × Post 的系数为 0.293（t = 1.525，p > 0.1），被四大审计的公司中引入融资融券制度对企业的创新投资无明显作用，列（2）中主要变量差分项的系数（0.141）在 1% 的水平下显著为正，即在非四大审计的公司中融资融券能更好地发挥抑制管理层短视的作用，促进创新投资的增加。这与王艳艳（2006）、辛清泉（2014）等研究的四大会计师事务所审计的公司具有较高的信息透明度是一致的，由于四大审计公司的信息透明度较高，企业内外部的信息不对称问题比较少，管理层的行为能更多地被呈现在市场中，在没有融资融券制度的基础上管理层的机会主义行为也会得到很大程度的抑制。因此相对于非四大审计的公司，四大审计公司中融资融券的作用是非常有限的。假设 5 - 3 得到验证。

表5-5　　企业异质性视角下融资融券制度与创企业新投资的回归结果2

变量	四大审计	非四大审计	分析师人数少	分析师人数多	融资约束程度高	融资约束程度低	市场化指数高	市场化指数低
Method	OLS (1)	OLS (2)	OLS (3)	OLS (4)	OLS (5)	OLS (6)	OLS (7)	OLS (8)
List	-0.459** (-2.244)	0.214*** (5.972)	0.0760 (1.609)	0.231*** (4.450)	0.180*** (3.512)	0.122* (1.65)	0.178*** (2.991)	0.180*** (4.211)
List × Post	0.293 (1.525)	0.141*** (3.070)	-0.0140 (-0.212)	0.222*** (3.635)	0.116* (1.858)	0.168 (1.60)	0.206*** (3.030)	0.098* (1.668)
Size	-0.122* (-1.755)	-0.113*** (-6.541)	-0.098*** (-4.117)	-0.215*** (-8.882)	-0.063*** (-2.908)	-0.049 (-1.25)	-0.124*** (-5.022)	-0.054*** (-2.693)
Lev	1.227** (2.506)	-0.122 (-1.524)	-0.380*** (-4.182)	0.515*** (3.738)	-0.869*** (-6.294)	0.0037 (0.2)	0.266* (2.155)	-0.347*** (-3.397)
Roa	4.627*** (2.968)	2.866*** (10.242)	0.585* (1.814)	3.606*** (7.217)	2.068*** (5.524)	2.63*** (3.8)	3.869*** (8.873)	1.764*** (5.085)
Q	-0.129** (-1.964)	0.052*** (6.181)	0.0080 (0.763)	0.081*** (6.030)	0.021* (1.822)	0.125*** (5.7)	0.079*** (6.372)	0.031*** (2.893)
Cf	-0.781 (-0.895)	0.447*** (2.980)	0.419** (2.185)	0.0890 (0.395)	1.044*** (4.633)	0.140 (0.41)	0.589*** (2.607)	0.202 (1.046)
Cash	3.651*** (6.303)	0.348*** (3.310)	0.691*** (5.086)	0.300** (1.976)	1.540*** (6.821)	0.385* (1.83)	0.441*** (3.007)	0.498*** (3.420)
Share1	-0.0040 (-1.068)	-0.002* (-1.931)	0.001 (1.149)	-0.003*** (-2.713)	0.002 (1.272)	-0.006*** (-3.14)	-0.005*** (-4.175)	0.00100 (0.460)
Indepence	-1.671* (-1.709)	0.196 (0.836)	-0.0270 (-0.091)	0.571* (1.724)	-0.0140 (-0.045)	-0.253 (-0.48)	0.471 (1.430)	-0.178 (-0.579)
Growth	0.124 (1.257)	-0.0120 (-0.839)	-0.0160 (-0.992)	0.0150 (0.648)	-0.00700 (-0.324)	-0.007 (-0.23)	-0.044** (-1.968)	0.0230 (1.359)
Age	-0.153 (-1.609)	-0.265*** (-14.273)	-0.240*** (-10.032)	-0.204*** (-7.417)	-0.256*** (-8.788)	-0.279*** (-7.04)	-0.164*** (-6.317)	-0.315*** (-12.339)
Mshares	-0.324 (-0.443)	0.285*** (3.575)	0.224** (2.062)	0.142 (1.248)	0.250* (1.840)	0.13 (0.79)	0.381*** (3.598)	-0.149 (-1.223)

续表

变量	四大 审计	非四大 审计	分析师 人数少	分析师 人数多	融资约束 程度高	融资约束 程度低	市场化 指数高	市场化 指数低
Method	OLS (1)	OLS (2)	OLS (3)	OLS (4)	OLS (5)	OLS (6)	OLS (7)	OLS (8)
Dual	0.132 (0.703)	0.089*** (3.080)	0.115*** (3.058)	0.0530 (1.263)	0.133*** (3.012)	0.096 (1.54)	0.0400 (1.012)	0.112*** (2.708)
Cons	3.235* (1.892)	1.884*** (4.954)	2.019*** (3.879)	3.269*** (6.104)	1.329*** (2.738)	0.694 (0.81)	1.273** (2.232)	1.177*** (2.68)
Ind	控制	控制	控制	控制	控制	控制	控制	控制
Year	控制	控制	控制	控制	控制	控制	控制	控制
N	746	13784	6984	7546	6171	6662	7202	7190
Adj R^2	0.300	0.325	0.289	0.339	0.278	0.357	0.325	0.253

注：括号内为 t 值，***、**、*分别表示显著性水平为 1%、5%、10%。

99

　　表中的列（3）和列（4）给出了分析师跟踪人数不同的情境下融资融券对创新投资的作用。通常情况下，如果分析师跟踪人数较多的情形下，企业的信息环境会有所改善（Lang et al.，2008），因为分析师会搜索更多的企业信息，同时分析师的专业性也保证了信息较高的准确性。较多的分析师跟踪人数使企业的信息不对称程度降低，管理层的行为会受到监督，融资融券发挥作用的空间有限。但是回归数据却显示了相反的结果，分析师人数较少组里，List × Post 的系数不显著，融资融券没有发挥预期的作用。而在分析师人数较多的组里，List × Post 的系数却为正，且在 1% 的显著性水平下显著，假设 5 - 4 并未得到验证。这种结果可能出于以下的原因：分析师属于独立于企业的第三方中介，融资融券制度的存在可能会吸引更多的分析师对企业进行跟踪，融资融券的监督治理效应被加强，这与张璇（2016）的研究中卖空机制通过吸引分析师的跟踪减少财务重述提高盈余质量的结论是一致的。

　　进一步地，本书考察了融资约束情境下融资融券对创新投资的影响。列（5）和列（6）呈现了具体的回归结果。与前述假设一致的是在融资约束程度较高组，主要变量 List × Post 的系数在 1% 的显著性水平下显著为正，说明当企业面临的融资约束程度较高时，融资融券制度的实施可以降低信息不对称，使企业获得更多外部投资资金的青睐，同时减少由于信息不对称而导致的管理层短视行为，增加创新项目的投资。List×Post 的系数在融资约束较低组是不显著的，这是因为信息不对称是造成企业融资约束的根本原因，当企业面临的融资约束程度较低时，企业内外部的信息不对称程度也比较低，管理者的机会主义行为很难实施，企业也不存在由于融资约束所导致的创新投资困境，因此融资融券制度能发挥的作用非常有限，与前述的假设是一致的，假设 5 – 5 得到验证。

对于公司外部市场环境市场化指数的影响，本书仍然按照分组的方式检验当企业处在不同市场环境下引入融资融券制度对创新投资的影响。回归的具体结果如表 5 – 5 所示。列（7）市场化程度高组中 List×Post 的系数在 1% 水平下显著为正（0.206），列（8）市场化程度低组中 List×Post 的系数在 10% 水平下显著为正（0.098），通过 Chow 检验发现两组系数有显著差异，且市场化程度高组的 List×Post 系数显著大于市场化程度低组系数，市场化程度较高即公司的外部市场环境较好时融资融券能对创新投资产生更大的影响，假设 5 – 6 得到验证。

5.3.2.2 管理者异质性

企业成为融资融券标的之后，会更受投资者和股东等的关注。融资融券通过对管理层的监督约束从而对创新投资产生影响，因为创新投资决策的制定者是管理层，所以不同的管理者特征使融资融券作用的发挥有所不同。

表 5 – 6 中列（1）的结果显示在管理者过度自信组，List×Post 的系数虽然为正，但是并不显著，融资融券制度与企业的创新投资不存在显著的关系；在列（2）的管理者非过度自信组中，差分项 List×Post 的系数为正，且在 1% 的显著性水平下显著，这说明融资融券制度能够显著促进管理层对创新的投资。这与前述的假设是一致的，过度自信的管理者会低估创新失败的风险、高估创新成功的概率，为了彰显能力，其会对创新活动更加偏爱，管理层对风险有更高的承受力，创新存在短视的可能性较小，成为融资融券标的企业之后，融资融券作用发挥的空间有限；而对于非过度自信的管理者来说，其会对创新这种高风险活动持保守谨慎的态度，引入融资融券之后，由于加强了大股东和其他投资

者的监督，管理层会积极布局创新活动，创新投资随之增加。

表 5 - 6　　管理者异质性视角下融资融券制度与企业创新投资的回归结果

变量	过度自信 (1)	非过度 自信 (2)	既有任期 较短 (3)	既有任期 较长 (4)	预期任期 较短 (5)	预期任期 较长 (6)
List	0. 360 *** (5. 9)	0. 072 (1. 200)	0. 244 *** (4. 277)	0. 0860 (1. 111)	0. 085 * (1. 683)	0. 282 *** (5. 683)
List × Post	0. 109 (1. 390)	0. 212 *** (2. 940)	0. 0870 (1. 209)	0. 239 *** (2. 866)	0. 129 ** (2. 115)	0. 204 *** (3. 114)
Size	− 0. 126 *** (− 5. 388)	− 0. 065 *** (− 2. 966)	− 0. 097 *** (− 3. 842)	− 0. 103 *** (− 3. 649)	− 0. 076 *** (− 3. 509)	− 0. 099 *** (− 4. 262)
Lev	− 0. 281 *** (− 2. 667)	0. 118 (0. 995)	− 0. 241 ** (− 1. 961)	0. 310 ** (2. 150)	0. 00800 (0. 066)	− 0. 195 * (− 1. 764)
Roa	2. 615 *** (7. 198)	2. 949 *** (7. 116)	1. 843 *** (4. 339)	4. 224 *** (8. 305)	3. 238 *** (8. 305)	2. 449 *** (6. 288)
Q	0. 0170 (1. 548)	0. 105 *** (8. 219)	0. 037 *** (2. 873)	0. 080 *** (5. 462)	0. 046 *** (3. 878)	0. 062 *** (5. 317)
Cf	0. 542 *** (2. 733)	0. 334 (1. 517)	0. 562 ** (2. 441)	0. 654 ** (2. 351)	0. 637 *** (2. 914)	0. 249 (1. 228)
Cash	0. 304 ** (2. 210)	0. 654 *** (4. 213)	0. 348 ** (2. 136)	0. 719 *** (4. 034)	0. 553 *** (3. 686)	0. 356 ** (2. 474)
Share1	− 0. 003 *** (− 2. 731)	0 (− 0. 174)	− 0. 002 * (− 1. 704)	− 0. 003 ** (− 2. 218)	0 (0. 375)	− 0. 004 *** (− 3. 521)
Indepence	0. 700 ** (2. 201)	− 0. 184 (− 0. 572)	0. 0850 (0. 241)	0. 445 (1. 129)	0. 003 (0. 009)	0. 184 (0. 579)
Growth	− 0. 066 *** (− 3. 673)	0. 051 ** (2. 423)	− 0. 009 (− 0. 424)	0. 005 (0. 212)	− 0. 001 (− 0. 037)	− 0. 0180 (− 0. 890)
Age	− 0. 266 *** (− 10. 623)	− 0. 228 *** (− 8. 694)	− 0. 262 *** (− 9. 739)	− 0. 200 *** (− 5. 798)	− 0. 233 *** (− 8. 982)	− 0. 283 *** (− 11. 050)
Mshares	0. 198 * (1. 753)	0. 307 *** (2. 736)	0. 239 * (1. 920)	0. 343 *** (2. 636)	0. 245 ** (1. 966)	0. 322 *** (3. 071)

变量	过度自信（1）	非过度自信（2）	既有任期较短（3）	既有任期较长（4）	预期任期较短（5）	预期任期较长（6）
Dual	0.094 ** (2.485)	0.126 *** (2.807)	0.0640 (1.426)	0.0310 (0.649)	0.0330 (0.780)	0.146 *** (3.728)
Cons	2.032 *** (3.941)	0.697 (1.46)	1.780 *** (3.204)	1.166 * (1.801)	1.116 ** (2.325)	1.614 *** (3.149)
Ind	控制	控制	控制	控制	控制	控制
Year	控制	控制	控制	控制	控制	控制
N	6912	7598	5873	5272	7233	7297
Adj R^2	0.312	0.339	0.293	0.288	0.305	0.335

注：括号内为 t 值，*** 、** 、* 分别表示显著性水平为 1%、5%、10%。

列（3）和列（4）给出了管理层不同既有任期情况下融资融券对企业创新投资的回归结果。从列（3）的结果可以看出，当管理层的既有任期较短时，List × Post 的系数并不显著，说明融资融券制度对于管理层既有任期较短的企业发挥的作用有限。这是因为虽然管理层对企业的创新投资持保守的态度，但这主要由于管理层对企业信息不了解所造成的，即使引入了融资融券制度，管理者也不敢在自己不熟悉的情况下贸然增加对企业创新的投资。从列（4）的结果可以看出，当管理者的既有任期较长时，List × Post 的系数（β = 0.239，t = 2.866）在 1% 的显著性水平下显著为正，这说明融资融券制度的引入与企业的创新投资是显著正相关的。融资融券制度实施后可以有效抑制既有任期较长的管理者"求稳"心态带来的机会主义行为，使管理层把更多的精力投入在创新上，增加企业创新的投资。据此，假设 5 - 8 得到验证。

列（5）和列（6）给出了管理层不同预期任期情况下融资融券实施对企业创新投资的回归结果。列（5）的结果表明，当管理层预期任期较短时，List × Post 的系数显著为正，管理层由于剩余任期较短而产生的机会主义行为会受到抑制，企业的创新投资增加。然而当管理层的预期任期较长时，List × Post 的系数也是显著为正的，管理者预期任期的不同并没有在融资融券对创新投资的影响中发挥作用，假设 5 - 9 并未得到验证。

5.4　稳健性检验

5.4.1　是否由国内十大审计代替国际四大审计

是否被国际四大审计能够较好地体现公司的治理水平和信息透明程度，但实际上审计师为四大的企业只是少数，为了更好地说明结论的可靠性，本书进一步对是否国内十大审计的因素进行了考察。国内十大的确定标准为是否是中国注册会计师当年所公布的前十大事务所（赵国宇，2010）。

结果如表 5 - 7 所示，当企业的审计师为国内十大审计师事务所时，List × Post 的系数虽然为正，但并不显著。而在非国内十大审计的企业中，该系数在 1% 的显著性水平下为正，此时融资融券制度的引入对创新投资发挥了显著的激励作用。说明前述考察国际四大审计因素作用得到的结论是稳健可靠的。

表 5 - 7　　　　　　　　　国内十大审计因素的考察

变量	国内十大审计	非国内十大审计
Method	OLS（1）	OLS（2）
List	0. 222 *** （4. 473）	0. 176 *** （3. 592）
List × Post	0. 0790 （1. 372）	0. 238 *** （3. 253）
Size	- 0. 090 *** （- 4. 544）	- 0. 111 *** （- 4. 139）
Lev	0. 0750 （0. 709）	- 0. 316 *** （- 2. 726）
Roa	3. 272 *** （8. 938）	2. 311 *** （5. 710）

续表

变量	国内十大审计	非国内十大审计
Method	OLS（1）	OLS（2）
Q	0. 048 *** （4. 516）	0. 054 *** （4. 237）
Cf	0. 678 *** （3. 441）	0. 00300 （0. 012）
Cash	0. 474 *** （3. 527）	0. 360 ** （2. 268）
Share1	− 0. 003 *** （− 3. 096）	0. 00100 （0. 382）
Indepence	0. 152 （0. 532）	0. 315 （0. 855）
Growth	0 （− 0. 016）	− 0. 0270 （− 1. 273）
Age	− 0. 205 *** （− 8. 778）	− 0. 331 *** （− 11. 679）
Mshares	0. 234 ** （2. 338）	0. 350 *** （2. 724）
Dual	0. 062 * （1. 679）	0. 144 *** （3. 242）
Cons	1. 329 *** （2. 976）	1. 992 *** （3. 393）
Ind	控制	控制
Year	控制	控制
N	8877	5653
Adj R²	0. 316	0. 321

注：括号内为 t 值，*** 、** 、* 分别表示显著性水平为 1% 、5% 、10% 。

5.4.2　保留融资融券当年数据，但令 Post = 0

如前，为了减少融资融券在推出前市场可能会提前做出反应的可能产生的偏误，保证融资融券制度对企业创新投资的影响效果，从实施融资融券业务的下一年开始定义标的股票的融资融券变量 Post 为 1，当年的 Post 变量赋值为 0。在分情景进行回归分析中，除了高科技行业中回归结果变得不再显著之后，其他结果仅有系数和显著性水平的差异，结果如表 5－8 和表 5－9 所示。回归结果基本与前述一致，这说明结果是稳健的。

表 5－8　　异质性视角下改变 Post 定义后融资融券
制度与企业创新投资回归结果 1

变量	国有企业	非国有企业	高科技行业	非高科技行业
Method	OLS（1）	OLS（2）	OLS（3）	OLS（4）
List	0.230 *** (5.216)	0.123 ** (2.484)	0.429 *** (6.409)	0.0180 (0.512)
List × Post	-0.0630 (-1.037)	0.285 *** (4.107)	0.127 (1.341)	0.099 (1.106)
Size	-0.120 *** (-5.910)	0.044 * (1.671)	0.059 * (1.663)	-0.087 *** (-5.539)
Lev	-0.184 (-1.637)	-0.249 ** (-2.253)	-0.134 (-0.851)	-0.170 ** (-2.067)
Roa	2.544 *** (6.433)	2.624 *** (6.932)	2.074 *** (3.963)	2.818 *** (9.672)
Q	0.00600 (0.435)	0.101 *** (9.225)	0.117 *** (7.626)	-0.00200 (-0.187)
Cf	-0.210 (-0.953)	0.865 *** (4.296)	0.600 ** (1.962)	0.263 * (1.723)
Cash	0.486 *** (2.965)	0.368 *** (2.660)	0.718 *** (3.672)	0.149 (1.311)

变量	国有企业	非国有企业	高科技行业	非高科技行业
Method	OLS（1）	OLS（2）	OLS（3）	OLS（4）
Share1	0.003 *** （2.736）	−0.007 *** （−5.338）	−0.007 *** （−3.997）	0.00100 （1.242）
Indepence	−0.183 （−0.553）	0.467 （1.479）	1.191 *** （2.600）	−0.642 *** （−2.728）
Growth	−0.00600 （−0.274）	−0.0140 （−0.756）	0.072 ** （2.320）	−0.043 *** （−3.178）
Age	−0.288 *** （−9.557）	−0.256 *** （−10.135）	−0.445 *** （−11.927）	−0.179 *** （−9.509）
Mshares	4.984 *** （6.571）	0.405 *** （4.439）	0.305 * （1.959）	0.238 *** （2.824）
Dual	0.0420 （0.732）	0.152 *** （4.328）	0.145 *** （2.637）	0.063 ** （2.043）
Cons	2.309 *** （5.063）	−1.582 *** （−2.740）	−2.932 *** （−2.588）	1.961 *** （5.711）
Ind	控制	控制	控制	控制
Year	控制	控制	控制	控制
N	6017	8197	5190	9303
Adj R^2	0.290	0.298	0.279	0.283

注：括号内为 t 值，*** 、** 、* 分别表示显著性水平为 1%、5%、10%。

表 5-9   异质性视角下改变 Post 定义后融资融券
制度与企业创新投资回归结果 2

变量	融资 约束高	融资 约束低	市场化 指数低	市场化 指数高	过度自信	非过度 自信
Method	OLS（1）	OLS（2）	OLS（3）	OLS（4）	OLS（5）	OLS（6）
List	0.189 *** （4.021）	0.159 *** （3.303）	0.173 *** （4.228）	0.154 *** （2.825）	0.271 *** （5.802）	0.078 * （1.677）

续表

变量	融资约束高	融资约束低	市场化指数低	市场化指数高	过度自信	非过度自信
Method	OLS（1）	OLS（2）	OLS（3）	OLS（4）	OLS（5）	OLS（6）
List × Post	0.129 ** (2.016)	0.100 (1.303)	0.0720 (1.131)	0.195 *** (2.893)	0.109 (1.587)	0.137 ** (2.218)
Size	− 0.060 *** (− 2.772)	− 0.048 * (− 1.839)	− 0.0240 (− 1.206)	− 0.061 ** (− 2.468)	− 0.078 *** (− 3.348)	− 0.0220 (− 1.026)
Lev	− 0.885 *** (− 6.418)	0.102 (0.664)	− 0.390 *** (− 3.851)	0.156 (1.277)	− 0.354 *** (− 3.378)	0.0460 (0.394)
Roa	1.997 *** (5.375)	2.876 *** (6.286)	1.653 *** (4.812)	3.606 *** (8.331)	2.389 *** (6.629)	2.789 *** (6.794)
Q	0.023 ** (1.997)	0.118 *** (8.102)	0.040 *** (3.745)	0.097 *** (7.766)	0.031 *** (2.827)	0.117 *** (9.144)
Cf	1.040 *** (4.588)	0.0200 (0.087)	0.150 (0.778)	0.547 ** (2.415)	0.487 ** (2.448)	0.284 (1.290)
Cash	1.531 *** (6.769)	0.193 (1.364)	0.486 *** (3.326)	0.430 *** (2.924)	0.295 ** (2.137)	0.633 *** (4.067)
Share1	0.00200 (1.246)	− 0.005 *** (− 3.906)	0 (0.083)	− 0.006 *** (− 4.712)	− 0.004 *** (− 3.167)	− 0.00100 (− 0.598)
Indepence	− 0.0300 (− 0.091)	− 0.215 (− 0.606)	− 0.219 (− 0.710)	0.415 (1.254)	0.687 ** (2.153)	− 0.273 (− 0.845)
Growth	− 0.0100 (− 0.451)	− 0.00200 (− 0.093)	0.0220 (1.294)	− 0.048 ** (− 2.122)	− 0.071 *** (− 3.911)	0.050 ** (2.346)
Age	− 0.258 *** (− 8.809)	− 0.292 *** (− 10.925)	− 0.321 *** (− 12.508)	− 0.169 *** (− 6.457)	− 0.270 *** (− 10.715)	− 0.236 *** (− 8.938)
Mshares	0.230 * (1.682)	0.233 ** (2.108)	− 0.167 (− 1.370)	0.378 *** (3.559)	0.185 (1.634)	0.295 *** (2.624)
Dual	0.131 *** (2.949)	0.076 * (1.798)	0.114 *** (2.733)	0.0440 (1.109)	0.099 *** (2.609)	0.124 *** (2.767)

续表

变量	融资约束高	融资约束低	市场化指数低	市场化指数高	过度自信	非过度自信
Method	OLS（1）	OLS（2）	OLS（3）	OLS（4）	OLS（5）	OLS（6）
Cons	1.316 *** (2.696)	0.619 (1.077)	0.606 (1.389)	0.0180 (0.031)	1.046 ** (2.046)	−0.0830 (−0.173)
Ind	控制	控制	控制	控制	控制	控制
Year	控制	控制	控制	控制	控制	控制
N	6156	6660	7179	7194	6900	7591
Adj R^2	0.277	0.354	0.252	0.322	0.309	0.338

注：括号内为 t 值，***、**、* 分别表示显著性水平为 1%、5%、10%。

5.5　本章小结

　　基于融资融券制度对创新投资的激励作用，本章继续进行了异质性情境分析，考察了企业异质性和管理者异质性对融资融券制度发挥作用产生的影响。运用双重差分模型，通过分组分析发现，融资融券制度的引入在非国有企业、高科技行业、非四大审计的企业、融资约束程度较高的企业以及所处市场环境较好的企业能发挥更加显著的作用，同时非管理层过度自信的企业、既有任期较长的企业创新投资的增加更加明显。为了保证结论的稳健性，使用国内十大审计代替国际四大审计、改变 Post 变量定义后进行了检验，结果与最初的结果基本一致。

第 6 章　融资融券对企业创新效率的影响

　　企业的创新活动会经历创新评估、创新过程和专利申请过程等步骤（钟宇翔，2017）。无论哪个步骤，创新的资金投入是必不可少的，是创新活动开展的前提基础。本书所指的创新投资主要是资金上的投入，然而企业的创新还包括其他一些不易观察的投入，如努力程度、创新的天赋等。因此，对创新的研究不仅要考虑创新的投资，还要考虑企业在创新活动中投入资金会收到何种的效果？融资融券制度对创新产生的真正作用如何？创新投资的数量否合理？创新投资是否获得了应有的收益？创新投资作为一种资源其配置效率是怎样的？之所以研究这些内容，是因为融资融券在增加长期投资——创新投资的过程中并不一定能及时让企业获益，因为在创新投资增加的过程中可能会出现投资效率不高从而对企业产生不利的影响。鉴于此，本书如下的部分主要考虑融资融券对创新效率产生的影响，从融资融券对企业创新投资的合理程度、收益程度和配置程度进行相关的研究，也即增加的创新投资是否增加了创新投资过度的可能，企业申请专利的数量是否有所增加，创新投资的配置效率是否有所提升。

6.1　研究假设的提出

6.1.1　融资融券对企业创新投资合理程度的影响

　　融资融券是一种特殊的外部治理机制，如前文所述其会对企业的创新投资产生正向的激励效应。然而，更多的创新投资一定会带来最优的效果吗？融资融券制度的引进真的能使企业的创新投资水平维持在合理的程度吗？创新的投入是合理增加吗？

显然，在一定范围内，创新投资的增加必然会使企业的创新活动更加活跃，提高企业的长期收益。然而，基于管理层有限理性的假说，持续增加投资也有可能出现严重的过度投资现象，导致企业的创新投资偏离合理程度，从而使企业的价值和效率受到影响。具体体现在如下的两个方面：一方面，存在企业"搭便车"现象。在融资融券制度的引进促进企业创新投资增加的过程中，即使融资融券交易者能够捕捉企业更多的信息，管理者也不能把企业全部的相关信息传递到市场中，企业内外仍然存在信息不对称的情况，因此业绩较差或规模较小的公司会出现"搭便车"行为，模仿业绩较好公司的投资决策，对企业自身的情况认识不够清楚而不加限制地增加创新投资，最终产生创新投资过度、企业的创新投资出现不合理的状况。另一方面，管理层的利己行为。"自由现金流量假说"（Jensen，1986）认为，当管理层能够掌控的现金流比较充足时，其可能会出于自利的动机出现滥用的情形，通过高风险的资金项目来攫取私利。在融资融券制度的引进促进企业创新投资的同时，管理层也可能会趁机增加更多的创新投资，从而使创新投资出现过度的现象。

卖空管制的放松使股东有动机监督管理层的投资行为，管理层及时调整投资决策（靳庆鲁，2016），卖空机制的供应量与过度投资呈现显著的负向关系（Chang et al.，2014）。创新有别于一般的投资项目，具有高复杂性、高风险性和专业性等诸多特点，理性的管理者出于对"恬静生活"的追求，对创新活动缺乏热情。如前文所述，融资融券制度的引入能够约束企业管理层的短视行为，对创新投资产生激励作用。在管理层积极布局创新活动、创新投资不断增加的过程中，融资融券交易者对企业及管理者的信息挖掘和监督约束是持续存在的，如果管理层想通过过多的创新投资为自己攫取私利，融资融券交易者会及时发现，管理层也会因此受到惩罚。所以在融资融券标的企业中，理性的管理者并不会贸然地过度增加企业的创新投资，而是使创新投资的增加额维持在一个合理的水平。因此，在资本市场的融资融券制度对创新投资产生激励作用、管理层追加创新投资的过程中，创新投资不足的现象会有所缓解；并且有效持续的监督机制使得创新投资的增加不会出现过度的现象。

基于此，提出以下假设：

假设 6 - 1：融资融券制度的引入显著降低了企业创新投资不足的可能性。

假设 6 - 2：融资融券制度的引入对企业创新投资过度的可能性无显著影响。

6.1.2　融资融券对企业创新投资收益程度的影响

创新是一个极其复杂的过程，一个完整的创新活动会经历开始—失败—突破—获得新技术—获得新专利等一系列过程（胡元木，2012）。创新投资是企业创新活动的前置环节，投入是保证收益的基础。进行创新投资的收益是多元的，既包括创新的直接收益，如专利的申请和授权，也包括创新投资的进一步收益，如新产品的销售收入、管理层的声誉提升等。鉴于我国上市公司新产品销售收入等数据的不可获得性，本书中创新投资的收益主要是指发明专利、实用新型专利和外观设计专利的申请数量和授权数量等。

已有研究证实，良好的外部治理机制能够通过对企业管理层的行为产生影响进而提升企业的专利产出水平，如媒体监督（杨道广等，2017）、媒体关注（许瑜等，2017）、分析师跟踪（徐欣，2011）等。关于融资融券与创新关系的研究也说明了其对创新产出的影响，孟清扬（2017）以国有企业为研究对象，研究了卖空压力与创新产出之间的关系，指出卖空机制减少了国有企业高管惯有的"偷懒"行为，使其专利申请量有所上升。王立威（2016）则利用 2006～2015 年中国上市公司的数据进行了检验，无论是专利申请的总数量还是发明专利申请的数量都有所增加。专利申请是创新投资后的直接收益，在融资融券机制的约束下，管理层的创新投资是相对有效的，创新投资有极小的可能性被操控，其真正被用到创新活动中，创新投资的直接收益会增加，专利产出总量随之增加。

基于此，提出以下假设：

假设 6 - 3：企业引入融资融券制度对专利申请总数量的增加有显

111

著的促进作用。

当然，以专利申请总数量衡量企业创新投资的收益有时也表现为一种策略性的行为（Hall & Harhoff，2012；Tong et al.，2014）。企业进行专利申请有时是管理层的一种策略，可能是为了获得更多的收益，如政府的补贴或奖励等，相关部门对企业的考察也是通过专利的数量来显示的，忽略了专利的质量。从进行专利申请的动机来看企业专利申请的类型，可以分为策略性专利申请和实质性专利申请两种（黎文靖，2016）。实质性专利主要强调专利的质量，申请的目的在于推动企业的技术进步帮助企业获取核心竞争力，一般是指企业的发明专利；策略性专利其主要目的不是技术上的突破，而是为了其他收益，在较短的时间内追求数量上的突破，主要包括企业的实用新型专利和外观设计专利两种。

我国现有的以经济绩效为重要考核指标的制度是企业进行策略性创新的前提基础。在这样的制度背景下，加之管理层的任期限制，管理层如果想带领企业在短时间内提升企业的竞争力、获得自身声誉水平的提升，那么其必须在一个较短的时间内做出较大的政绩。因此可以推断：企业的管理人员有动机在短时间内提升创新水平，同时为了获得更多的政府补贴和税收优惠，会进行短期内可以出成果的创新，而不是高难度高质量的创新。标的企业没有引入融资融券交易制度的时候，由于信息不对称，管理层的这种追求创新数量和速度的创新能力更容易被股东和投资者所认可。当企业成为融资融券标的之后，首先，出于融资融券机制的事前威慑作用，管理层不能也不敢只进行简单的创新活动，在有能力进行创新的基础上，可能会转向更加高质量的创新，如具有实质性内容的发明专利创新；其次，如果管理层仅仅进行简单的表面创新来获得政府的相关补助提升企业短期的创新能力，融资融券的交易者能够通过信息挖掘、降低信息不对称性从而更加全面了解企业的真实状况，这种忽略创新本质内容的创新最终会被融资融券交易者所发现，对企业造成不利的影响，并最终影响管理层的报酬和声誉。基于前述的分析，管理层的策略性创新数量并不会受到融资融券制度的显著影响，而实质性创新可能会由于融资融券产生比较大的变化。

基于此，提出以下假设：

假设6-4：企业引入融资融券制度对策略性专利申请数量无显著

影响。

假设6-5：企业引入融资融券制度对实质性专利申请数量有显著的促进作用。

6.1.3　融资融券对企业创新投资配置程度的影响

创新活动是企业对不同的创新项目进行抉择、投入、开发并获得收益的过程。创新项目是多样的，创新活动的风险也是较高的，因此如何能在资源有限的情况下用尽量少的投入获得尽量多的产出即提高企业创新投资配置的有效程度是企业开展创新活动需要重点关注的内容。

首先，融资融券标的企业的创新决策的质量能够得到提升。融资融券制度的实施使得大股东、外部投资者会更多地搜集有关创新活动的相关信息，创新决策的透明度增强，低质量的创新决策实施的概率大大降低，提升了创新决策的质量。其次，融资融券的监督是持续的，管理层对创新投资的操控可以被识别。创新投资作为投资的一种特殊形式，也存在被企业操纵的可能。如前所述，市场上融资融券交易者的存在可以使管理层克服短视行为，增加对创新项目的投资，创新是一个复杂的长期过程，如果后续的创新过程不能有效监督，那么管理层可能会通过大量增加创新投资来满足自己的私有收益，构建私人"商业帝国"，增大在职消费等享受当前生活。然而，具有持续监督作用的融资融券制度，其交易者能够借助自身的优势，识别管理层对创新投资的操控（胡元木等，2016），保证创新投资切实地服务于创新项目。最后，融资融券制度降低了创新失败的风险。融资融券交易存在的情形下，股东会积极搜集有关创新的各种信息提供给管理层，在项目的实施过程中，管理层会更加努力，充分分析创新项目的风险，提高成功的概率（文芳，2009）。

基于此，提出以下假设：

假设6-6：企业引入融资融券制度对企业创新投资的配置程度有显著的促进作用，提升了企业创新投资的效率。

6.2　研究设计

6.2.1　样本选择和数据来源

本章主要采用双重差分（DID）模型来检验引入融资融券制度对上市公司创新投资的合理程度、收益程度和配置程度等效率方面的影响。以沪深两市上市公司中允许卖空交易的公司作为实验组，以未进入该名单的公司作为控制组。2006 年上市公司新会计准则颁布，自 2007 年 1 月 1 日开始施行，因此本书的数据样本期选择 2007～2016 年。对于样本公司，根据以下标准进行了相应初步剔除：①金融类公司；②B 股公司；③ST、*ST、PT、*PT 公司；④其他变量缺失的公司。

本章所有股票数据、融资融券数据以及财务数据等均来自 CSMAR 数据库、上海证券交易所和深圳证券交易所。本章的融资融券数据通过上海证券交易所、深圳证券交易所和 CSMAR 数据库的数据整理后获得，专利申请和专利授权数据通过国家知识产权网、佰腾专利检索网和润桐 RainPat 专利检索网手工搜索获得，其余数据均来源国泰安（CSMAR）数据库。为剔除异常值对结果的影响，对文中所有涉及的连续变量进行 1% 和 99% 水平上的 Winsorize 处理，文中对数据的处理均通过软件 Stata 13.0 完成。

6.2.2　变量选取

6.2.2.1　被解释变量

（1）创新投资的合理程度（ES2、ES3）

通过模型（6-1）中的残差数据赋值。首先列示出残差值的四分位数，当模型残差处于该行业该年度的最高 1/4 分位数区间时，认定该企业的创新投资是过度的，此时 ES2 = 1，位于中间两个四分位区间的企业 ES2 = 0；当模型残差处于该行业该年度的最低 1/4 分位数区间时，认定该企业的创新投资是不足的，此时 ES3 = 1，位于中间两个四分位数区间的企业 ES3 = 0。

（2）创新投资的收益程度

创新作为企业的一项特殊投资活动，专利的产出是创新投资最主要的收益。霍尔、杰弗等（Hall, Jaffe et al., 2001）发现专利的授权比专利申请有一定的滞后期，实用新型和外观设计需要时间较短，发明专利通常会有一个较长的审核期。根据何杰和田轩（2013）等的研究，发明专利的审查时间较长，因此在运用专利作为创新收益的过程中，同时考虑当年和下一年的总专利申请和发明专利申请情况。在当年进行了发明专利申请的情形下，考察后面第三年企业发明专利授权的情况。除此之外，不同的专利类型也代表不同的技术含量，发明专利更能体现企业的核心技术能力。借鉴黎文靖（2016）的做法，把企业的专利分为"实质性"和"策略性"两种，其中"实质性"创新产出包括发明专利的申请和授权，而"策略性"创新产出则由实用新型专利和外观设计专利两种类型的专利构成。

对于不同的企业来说，如果一个企业专利申请总量为 50，且 80%都是发明专利的申请，另一个企业有同样的专利申请数量，但其 80%都是实用新型专利和外观设计专利的申请，虽然两家企业的专利申请总数是相同的，但是因为不同类型的专利其所包含的技术含量有所不同，企业的专利申请的质量也是不同的，因此需要对不同类型的专利赋予不同的权重，以更加客观地评价企业专利申请的情况。借鉴张振刚（2016）的做法，把发明专利申请数量、实用新型专利申请数量和外观设计专利申请数量分别赋值 0.5、0.3、0.2，以得出更能表示企业专利申请状况的专利申请总数量。为了避免丢失专利申请数量为 0 的样本，在取自然对数之前，对专利数采取加 1 处理。

类似于对创新投资的处理，如果样本在研究期间每年的专利申请总数量（包括发明、实用新型和外观设计三种）都是缺失的，直接删除该企业的数据，如果样本期间至少有一年披露了三种专利类型其中任意一种的申请数量，那么缺失年份的专利数量直接界定为 0，这种做法可以把不适合进行创新的企业排除在外。通过虚拟变量把企业是否进行了专利申请分成两组，同时考虑融资融券制度对企业是否进行了专利申请和专利申请数量变化的影响。

（3）创新投资的配置程度

只有资源的投入达到最优的配置程度，企业才可能实现价值的增加，因此企业创新投资的配置程度主要指企业创新的投入产出效率。按照估计过程中是否需要设置生产函数进行区分，投入产出的效率评价方法主要有两种，一种是有参数的评价方法，另一种是没有参数的评价方法。有参数的估计方法以随机前沿分析（SFA）为代表，数据包络分析（DEA）是没有参数的估计方法的主要形式。DEA 模型可以计算多投入多产出的复杂系统的效率值，计算过程中不需要设定严格的函数关系，可以在很大程度上避免发生估计错误。与此同时，使用 DEA 方法除了能得到效率值以外，还可通过松弛变量对创新的投入和产出进行相应的调整，因此本书选用 DEA 模型来计算创新投资产出的效率值。一般情况下，企业都是要在一定的投入情况下获得尽可能多的产出，所以在运用 DEA 模型的过程中选用产出导向性的 BCC 模型（规模报酬可变）来进行估计。由于企业研发人员数量和技术人员数量披露信息非常少，因此借鉴胡元木（2012，2015）的做法，本书选取创新投资值取自然对数后作为投入变量，专利产出值为产出变量。为了更好地说明企业的产出质量，专利产出采用发明专利的申请数量（叶锐，2012）。

6.2.2.2 解释变量

（1）企业是否为融资融券标的企业（List）

如果该公司在样本期间成为融资融券标的的股票，则取值为 1，否则为 0。

（2）企业在哪一年成为融资融券标的企业（Post）

公司进入融资融券标的的股票的虚拟变量，公司成为融资融券股票的当年及之后年度取值为 1，否则为 0。

6.2.3 计量模型构建

企业的管理层进行创新投资仅仅是创新活动的开始，投入实现的效果更为关键，主要从投入的合理程度、收益程度和配置程度三个方面考虑。

为了检验假设，探究引入融资融券机制对创新投资的真实作用，首先应该明确企业的创新投资效率情况，测度出企业的创新投资水平属于过度还是不足，将样本分为创新投资过度、创新投资不足和创新投资水平正常三组。理查森（Richardson，2006）通过投资预测模型中残差的正负情况来判断企业是否投资过度或不足，基于如上投资效率的基础模型，结合创新活动的特殊性，借鉴苑泽明（2015）、刘娥平（2015）对非效率创新或研发投资的界定，本书采取如模型（6-1）的模型计算企业创新投入的非效率情况：

$$RD/Asset_{i,t} = \beta_0 + \beta_1 RD/Asset_{i,t-1} + \beta_2 Age_{i,t-1} + \beta_3 Cash_{i,t-1}$$
$$+ \beta_4 Lev_{i,t-1} + \beta_5 Q_{i,t-1} + \beta_6 Growth_{i,t-1}$$
$$+ \sum Ind + \sum Year + \varepsilon_{i,t} \qquad (6-1)$$

该模型在控制了行业和年度的情况下，以企业上一年度的托宾 Q 值、杠杆率、现金持有量、上市时间、营业收入增长率、创新投资占比值作为解释变量估算出企业的创新投资水平，利用模型的残差衡量企业创新投资的非效率程度。借鉴比德尔（Biddle，2009）的做法，根据残差值用四分位数把企业分成四组，如果企业的残差值处在该年度该行业的最高的四分位数区间中，则该企业被认定为创新投资是过度的，如若处于该年度该行业最低的四分位区间中，则该企业被认定为创新投资不足，位于中间两个四分位区间的企业被认定为创新投资的水平是正常的。利用模型（6-2）计算与创新投资水平正常的企业相比，卖空机制是否增加或减少了企业创新投资过度或不足的概率：

$$Prob（过度 \ or \ 不足 \ vs. \ 正常） = \beta_0 + \beta_1 List_{i,t} + \beta_2 List_{i,t} \times Post_{i,t}$$
$$+ \sum Controls_{i,t} + \sum Ind$$
$$+ \sum Year + \varepsilon_{i,t} \qquad (6-2)$$

模型（6-2）中的控制变量主要包括企业规模（Size）、总资产收益率（Roa）、经营净现金流量/总资产（Cf）、第一大股东持股比例（Share1）、独立董事占比（Indepence）、管理层持股比例（Mshares）、两职合一（Dual），同时模型控制了行业和年度效应。

融资融券对创新投资效率的影响则采取模型（6-3）：

$$Lnpatent_{i,t}（Patent\_dummy_{i,t}）/ES/RDEF = \beta_0 + \beta_1 List_{i,t} + \beta_2 List_{i,t} \times$$
$$Post_{i,t} + \sum Controls_{i,t} + \sum Ind + \sum Year + \varepsilon_{i,t} \qquad (6-3)$$

其中，List、List × Post 为融资融券变量，Controls 为控制变量，主

117

要来源现有文献对创新投资的研究，从企业和管理层两个层面进行考察，包括企业规模（Size）、杠杆率（Lev）、盈利水平（Roa）、成长性（托宾Q）、企业经营净现金流（Cf）、企业现金持有情况（Cash）、股权集中度（Share1）、管理层持股比例（Mshares）、公司年龄（Age）、是否两职合一（Dual）、独立董事占比（Indepence）、营业收入增长率（Growth），同时模型中还控制了行业和年份。各变量的具体定义如表6-1所示。

表6-1　　　　　　　　　　　　主要变量定义

变量性质	变量名称	变量符号	变量描述
解释变量	创新投资合理程度	ES2	创新投资过度虚拟变量。当模型（6-1）残差位于所在行业所在年度前1/4分位数区间取1，位于中间两个四分位数区间取0
		ES3	创新投资不足虚拟变量。模型（6-1）残差位于所在行业所在年度后1/4分位数区间取1，位于中间两个四分位区间取0
	创新投资收益程度	Lnpatent1	专利申请总量。发明专利、实用新型专利和外观设计专利申请总和加1取自然对数
		Patent1_dummy	企业专利申请总量不为0时取1，否则为0
		Lnpatent2	赋权专利申请总量。发明、实用新型和外观设计专利按照0.5∶0.3∶0.2赋予权重的总和加1取自然对数
		Lnpatent3	实质性专利申请总量。发明专利申请总量加1取自然对数
		Patent3_dummy	企业实质性专利申请总量不为0时取1，否则为0
		Lnpatent4	策略性专利申请总量。实用新型专利和外观设计专利申请总量加1取自然对数
		Patent4_dummy	企业策略性专利申请总量不为0时取1，否则为0
		Lnpatent5	发明专利授权总量加1取自然对数
	创新投资配置程度	RDEF	投入产出效率值。采用DEA方法逐年计算获得

变量性质	变量名称	变量符号	变量描述
自变量	融资融券变量	List	如果该公司在样本期间成为融资融券标的股票，则取值为1，否则为0
		Post	公司进入融资融券标的股票的虚拟变量，公司成为融资融券股票的当年及之后年度取值为1，否则为0
	融券卖出量	Short1	融券卖出股数/流通总股数
	融券余量	Short2	可卖空股数/流动总股数
控制变量	企业规模	Size	总资产的自然对数
	杠杆率	Lev	资产负债率
	盈利水平	Roa	企业总资产收益率
	成长性	Q	企业托宾 q 值
	现金流	Cf	经营活动的净现金流量/资产总额
	现金持有	Cash	（货币资金＋交易性金融资产）/总资产
	股权集中度	Share1	第一大股东持股比例
	管理层持股	Mshares	管理层总持股/总股数
	公司年龄	Age	公司成立期到样本期的年限表示
	两职合一	Dual	董事长与总经理是同一个人为1，否则为0
	独立董事占比	Indepence	独立董事在董事中占比
	行业	Ind	行业虚拟变量，属于该行业为1，否则为0
	年份	Year	年份虚拟变量，属于该年度为1，否则为0

119

6.3　实证结果分析

6.3.1　描述性统计分析

表 6 - 2 列示了主要变量的描述性统计分析。由表可知，企业申请

专利总数量（Lnpatent1）的均值为 1.875，标准差为 1.568，最小值为 0，最大值为 6.286，换算成实际申请数量其平均值为 7.53，最大值为 537，说明企业专利申请数量的平均水平还不高，不同企业之间专利申请情况也有较大的差别。特别地，对于发明专利申请数量（Lnpatent3），转换成实际数量，其平均值为 3.14，中位数为 2.0，最大值为 203，说明多数企业的发明专利申请数量均不高，半数企业的发明专利申请件数不超过 2 件。由此可以看出，虽然我国上市公司的专利申请总数量尚可，但是具体到包含更多技术含量的发明专利上来看数量还比较少，有待进一步的提高，这与当前我国实质性的自主创新能力不足、工业、流程创新居多的状况也是相符的。

表 6-2　　　　　　　　描述性统计分析

变量	样本量（个）	均值	标准差	最小值	中位数	最大值
Lnpatent1	11365	1.875	1.568	0	1.792	6.286
Lnpaten2	11365	1.279	1.218	0	1.099	5.231
Lnpatent3	11365	1.145	1.272	0	0.693	5.313
Lnpatent4	11365	1.429	1.502	0	1.099	5.820
Size	11365	21.95	1.220	19.76	21.76	25.86
Lev	11365	0.422	0.204	0.0470	0.416	0.881
Roa	11365	0.0420	0.0520	-0.151	0.0380	0.198
Q	11365	2.336	1.912	0.221	1.796	10.53
Cf	11365	0.0560	0.0840	-0.188	0.0520	0.330
Cash	11365	0.194	0.135	0.0160	0.157	0.662
Share1	11365	35.20	14.72	8.448	33.67	73.97
Indepence	11365	0.371	0.0530	0.308	0.333	0.571
Growth	11365	0.289	0.691	-0.623	0.124	4.395
Age	11365	1.785	0.870	0	1.946	3.091
Mshares	11365	0.133	0.202	0	0.00200	0.683
Dual	11365	0.239	0.427	0	0	1

120

6.3.2　相关性分析

表 6 - 3 展示的是研究变量之间的相关系数矩阵，表中的系数为 Pearson 检验结果。从如下的相关性系数表可以看出，List、Post 与四种形式的专利都是正相关的，且显著性水平均为 1%，说明在成为融资融券标的之后，企业的专利申请总数量、发明专利申请数量都是增加了，基本验证了前述的假设。除了不同专利之间的系数外，其他变量的相关系数均在 0.5 以下，说明各变量之间不存在显著的多重共线性问题。

6.3.3　回归结果分析

6.3.3.1　融资融券制度对创新投资合理程度的影响

针对假设的检验，首先利用模型（6 - 1）获得企业的创新投资非效率情况，根据非效率的残差值确定公司创新投资情况。当企业的残差值属于所在行业所在年度的最高四分位数区间时，认定该企业为创新投资过度，当企业残差值属于所在行业所在年度的最低四分位数区间时，认定该企业为创新投资不足，当企业残差值属于所在行业所在年度的中间两个四分位区间时，认定该企业的创新投资为正常水平。

利用模型（6 - 2）检验融资融券机制的引入是否对创新投资不足或过度的可能性产生影响，结果如表 6 - 4 所示。从表中的列（2）可以看出，在使用 Logit 回归模型时，List × Post 系数的系数为负，且在 1% 水平下显著，即企业在引入融资融券制度后，企业当期的创新投资不足的可能性显著降低；列（4）的结果显示，在使用固定效应模型后，List × Post 仍然在 5% 的显著性水平下显著为负，融资融券制度的引入可以降低企业创新投资不足的可能性这一结论是稳健的。对于融资融券制度的引入对创新投资过度可能性的影响，无论是否控制企业的个体效应，表中列（1）和列（3）的结果均不显著，列（1）中 List × Post 的系数为正但不显著，在第 4 列中 List × Post 的系数为负同样也不显著。这说明在引入融资融券制度后，虽然会减少管理者的短视行为，促进企业创新投资的增加，但这种增加是合理的，显著降低了创新投资不足的

相关系数分析

表 6 - 3

变量	Lnpatent1	Lnpatent2	Lnpatent4	Lnpatent3	List	Post	Size	Lev	Roa	Q	Cf	Cash	share1	Indepence	Growth	Age	Mshares
Lnpatent1	1																
Lnpatent2	0.985***	1															
Lnpatent4	0.911***	0.876***	1														
Lnpatent3	0.829***	0.888***	0.606***	1													
List	0.120***	0.153***	0.088***	0.185***	1												
Post	0.175***	0.202***	0.140***	0.223***	0.588***	1											
Size	0.255***	0.293***	0.249***	0.288***	0.463***	0.480***	1										
Lev	0.023*	0.049***	0.047***	0.064***	0.139***	0.095***	0.487***	1									
Roa	0.072***	0.070***	0.045***	0.063***	0.211***	0.082***	-0.015*	-0.386***	1								
Q	-0.082***	-0.095***	-0.108***	-0.079***	-0.057***	-0.056***	-0.456***	-0.470***	0.342***	1							
Cf	0.043***	0.051***	0.024***	0.062***	0.167***	0.082***	0.088***	-0.129***	0.432***	0.162***	1						
Cash	0.002	-0.009	-0.004	-0.022**	-0.009	-0.066***	-0.249***	-0.445***	0.294***	0.267***	0.159***	1					
share1	0.066***	0.068***	0.088***	0.039***	0.105***	0.043***	0.234***	0.071***	0.086***	-0.076***	0.088***	-0.007	1				
Indepence	0.029***	0.030***	0.031***	0.026***	-0.017*	0.040***	0.019***	-0.026**	-0.029***	0.054***	-0.026***	0.015*	0.036*	1			
Growth	-0.034***	-0.031***	-0.037***	-0.022**	0.002	0.026***	-0.023**	0.005	0.012	0.082***	-0.066***	0.081***	-0.040***	0.01	1		
Age	-0.004	0.028***	-0.015*	0.081***	0.265***	0.278***	0.377***	0.409***	-0.185***	-0.214***	0.034***	-0.334***	-0.078***	-0.050***	0.006	1	
Mshares	0.01	-0.019***	0.015	-0.068***	-0.294***	-0.176***	-0.323***	-0.370***	0.137***	0.250***	-0.052***	0.243***	-0.131***	0.111***	0.042***	-0.558***	1

注：***、**、*分别表示显著性水平为1%、5%、10%。

概率，对创新投资过度则不会产生明显的作用。在融资融券的影响下，企业创新投资的程度是合理的，融资融券制度对企业创新产生了真实的作用。假设 6 - 1、假设 6 - 2 得到验证。

表 6 - 4　　　　融资融券制度与创新投资合理程度的回归结果

变量	ES2（创新投资过度）	ES3（创新投资不足）	ES2（创新投资过度）	ES3（创新投资不足）
Method	Logit（1）	Logit（2）	面板 Logit（3）	面板 Logit（4）
List	0. 188 ***（2. 939）	- 0. 0910（ - 1. 383）	—	—
List × Post	0. 0290（0. 375）	- 0. 226 ***（ - 2. 692）	- 0. 0300（ - 0. 269）	- 0. 248 **（ - 2. 130）
Roa	3. 817 ***（7. 708）	0. 969 **（2. 019）	3. 608 ***（4. 464）	1. 272 *（1. 731）
Cf	0. 947 ***（3. 117）	- 0. 114（ - 0. 402）	1. 304 ***（2. 855）	- 0. 590（ - 1. 476）
Share1	- 0. 00200（ - 1. 288）	0. 004 ***（2. 910）	0. 00500（0. 819）	0. 011 **（2. 093）
Indepence	0. 208（0. 495）	0. 270（0. 648）	- 1. 200（ - 1. 271）	0. 697（0. 791）
Mshare	- 0. 0530（ - 0. 401）	0. 427 ***（3. 429）	1. 506 **（2. 469）	0. 610（1. 356）
Dual	0. 157 ***（2. 932）	0. 191 ***（3. 630）	0. 106（0. 882）	0. 226 **（2. 060）
Cons	- 0. 889 ***（ - 3. 428）	- 0. 975 ***（ - 3. 785）	—	—
Ind	控制	控制	控制	控制
Year	控制	控制	控制	控制
N	9585	9496	6085	6270
Adj R²	—	—	—	—

123

变量	ES2 （创新投资过度）	ES3 （创新投资不足）	ES2 （创新投资过度）	ES3 （创新投资不足）
Method	Logit（1）	Logit（2）	面板 Logit（3）	面板 Logit（4）
LR chi2	187.5 *** （0.000）	108.76 *** （0.000）	57.13 ** （0.000）	53.41 *** （0.000）

注：括号内为 t 值，***、**、* 分别表示显著性水平为 1%、5%、10%。

6.3.3.2　融资融券制度对创新投资收益程度的影响

前述第 4 章的结果显示，企业引入融资融券制度之后，管理层的机会主义行为受到抑制，企业的创新投资有所增加。同时由表 6 - 4 可以知道，创新投资的增加是合理的，企业创新投资不足的概率降低，但又不会对创新投资过度产生显著影响。合理的创新投资必然会产生收益，企业的专利数量即为创新投资的直接收益。依据对专利类型的分类，分别从专利申请总量、实质性专利申请数量、策略型专利申请数量等各个方面进行了回归检验。

（1）融资融券制度对专利总量的影响

表 6 - 5 列示了融资融券制度对当年专利申请总数量的影响。列（1）、列（2）、列（3）、列（4）分别呈现了融资融券制度实施后专利申请总数量、对不同专利类型赋权重后专利申请总数量、发明专利申请总量（实质性专利申请总数量）和实用新型及外观设计专利申请总数量（策略性专利申请总数量）作为因变量时的回归结果。可以看出，只有列（3）中发明专利作为因变量时，List × Post 的系数（β = 0.102，t = 2.422）在 5% 的显著性水平下是显著为正的，说明融资融券制度的实施对企业发明专利的申请数量有正向积极的作用，管理层花费更多的时间和精力放在更有技术含量的创新活动上。列（4）中 List × Post（β = -0.065，t = -1.303）不显著且为负，即对比控制组的企业，成为融资融券标的之后企业会减少对实用新型和外观设计专利的申请，当然这种减少抑制作用并没有通过显著性检验。列（3）和列（4）的回归结果与前述的理论假设是一致的，即融资融券的监督作用使企业管理层不局限于浮于表面的专利申请形式，而是把目光更多地聚焦在真正推动技术进步的实质性专利申请上来，显著增加发明专利的申请且不显著地减

少了实用新型和外观设计专利的申请。

表6-5　融资融券制度与企业当年专利申请数量的回归结果

变量	全样本			
	专利申请 总数量	赋权专利 申请总数量	实质性专利 申请数量	策略性 申请总数量
	LnPatente1/t	LnPatente2/t	LnPatente3/t	LnPatente4/t
Method	OLS（1）	OLS（2）	OLS（3）	OLS（4）
List	0.194 *** （4.702）	0.160 *** （5.009）	0.189 *** （5.594）	0.101 ** （2.505）
List × Post	-0.0300 （-0.581）	0.0180 （0.455）	0.102 ** （2.422）	-0.0650 （-1.303）
Size	0.388 *** （20.630）	0.333 *** （22.896）	0.324 *** （21.059）	0.355 *** （19.381）
Lev	-0.109 （-1.086）	-0.0600 （-0.778）	-0.0790 （-0.967）	0.0640 （0.657）
Roa	1.702 *** （4.823）	1.204 *** （4.410）	0.888 *** （3.078）	1.386 *** （4.034）
Q	-0.024 ** （-2.309）	-0.0130 （-1.540）	0.00400 （0.412）	-0.033 *** （-3.256）
Cf	-0.0470 （-0.252）	-0.00500 （-0.034）	0.129 （0.836）	-0.249 （-1.353）
Cash	0.271 ** （2.226）	0.191 ** （2.035）	0.0390 （0.388）	0.497 *** （4.200）
Share1	0 （-0.037）	-0.00100 （-0.692）	-0.003 *** （-3.166）	0.002 ** （2.022）
Indepence	0.286 （1.090）	0.292 （1.441）	0.381 * （1.779）	0.410 （1.605）
Growth	-0.0150 （-0.711）	-0.00900 （-0.527）	-0.00900 （-0.522）	-0.0110 （-0.555）

续表

变量	全样本			
	专利申请 总数量	赋权专利 申请总数量	实质性专利 申请数量	策略性 申请总数量
	LnPatente1/t	LnPatente2/t	LnPatente3/t	LnPatente4/t
Age	-0.169 *** (-7.900)	-0.114 *** (-6.917)	-0.060 *** (-3.460)	-0.171 *** (-8.229)
Mshares	0.0740 (0.838)	0.0110 (0.163)	-0.187 *** (-2.589)	0.189 ** (2.204)
Dual	0.147 *** (4.451)	0.121 *** (4.748)	0.133 *** (4.929)	0.078 ** (2.416)
Cons	-7.981 *** (-19.194)	-7.047 *** (-21.909)	-6.897 *** (-20.300)	-7.556 *** (-18.668)
Ind	控制	控制	控制	控制
Year	控制	控制	控制	控制
N	11365	11365	11365	11365
Adj R²	0.161	0.171	0.154	0.139

注：括号内为 t 值，*** 、** 、* 分别表示显著性水平为1%、5%、10%。

对于企业专利申请总数量，从列（1）和列（2）的结果可以看出融资融券制度并没有发挥显著的作用。列（1）中的系数（β = -0.03，t = -0.581）为负但不显著，这是因为对发明专利申请数量的正向显著作用带来的发明专利申请数量的增加，可能小于对实用新型和外观设计申请数量负向不显著作用带来的实用新型和外观设计数量的减少，因此加总之后的申请总数量会有下降的趋势。这与实际情况也是相符的，虽然融资融券的实施对发明专利申请数量有促进作用，但是由于发明专利含有较高的技术含量，风险相对较大、成功的概率相对较低，从数量上很难有大幅增加。而融资融券对实用新型专利和外观设计专利的作用是负向的，但是由于两种专利类型基数大，数量上的减少额相会较多。如上的两种作用中和在一起，使得企业的专利总数量有了程度不明显的降低，因此 List × Post 的系数出现负向不显著的结果。进一步地，当对发明专利、实用新型专利和外观设计专利的申请数量按照0.5∶0.3∶0.2进行赋值后，回归结果发现 List × Post 的系数（β = 0.018，t = 0.455）虽然仍不显著，但是符号变为正，即融资融券对赋权后的专利申请总数量产生正向不显著作用，这是因为赋权后，对发明专利的正向促进作用导致的发明专利数量的增加超过了实用新型和外观设计专利数量的减少，总的专利申请数量呈现正向不显著作用。

　　创新是一项耗时长的复杂活动，创新的投入仅仅是企业进行创新的第一步。创新活动的开展需要创新项目筛选、创新评估等多个步骤，只有经过了可行性研究和相关的研发活动之后，才能到专利申请阶段，尤其是发明专利需要较长的研究周期，因此为了使结论更加有说服力，在考虑融资融券对当期发明专利申请数量产生作用的基础上，本书还进一步检验了融资融券对下一年度专利申请数量的影响情况，具体结果如表6-6所示。表6-6中的列（1）、列（2）、列（3）、列（4）分别表示专利申请总数量、赋权重后的专利申请总数量、实质性专利申请数量和策略性专利申请总数量作为因变量的回归结果。回归结果与表6-5类似，系数略有差异。同样，融资融券制度的实施会显著促进实质性专利申请数量的增加，与策略性专利申请数量有负向的关系，但并不显著。对直接加和的专利申请总量作用是负向的，对赋权重之后的专利申请总量作用变成正向的，但二者均没有通过显著性检验。综合表6-5和表6-6的结果可以知道，融资融券确实会对发明专利（实质性专利）的申请产生积极的促进作用，对实用新型和外观设计专利（策略性专利）的作用并不显著，因此企业专利申请的总数量并未因为融资融券制度产生显著的变化。

表6-6　　融资融券制度企业下一年专利申请数量的回归结果

变量	全样本			
	专利申请总数量	赋权专利申请总数量	实质性专利申请数量	策略性申请总数量
	LnPatente1/t + 1	LnPatente2/t + 1	LnPatente3/t + 1	LnPatente4/t + 1
Method	OLS（1）	OLS（2）	OLS（3）	OLS（4）
List	0. 189 *** （4. 441）	0. 161 *** （4. 849）	0. 196 *** （5. 602）	0. 097 ** （2. 356）

续表

变量	全样本			
	专利申请 总数量	赋权专利 申请总数量	实质性专利 申请数量	策略性 申请总数量
	LnPatente1/t + 1	LnPatente2/t + 1	LnPatente3/t + 1	LnPatente4/t + 1
Method	OLS（1）	OLS（2）	OLS（3）	OLS（4）
List × Post	− 0.0340 （− 0.606）	0.0150 （0.350）	0.094 ** （2.052）	− 0.0810 （− 1.510）
Size	0.404 *** （19.781）	0.350 *** （21.998）	0.343 *** （20.370）	0.370 *** （18.602）
Lev	− 0.0550 （− 0.494）	− 0.0140 （− 0.168）	− 0.0410 （− 0.445）	0.123 （1.139）
Roa	2.893 *** （7.502）	2.087 *** （6.943）	1.634 *** （5.139）	2.410 *** （6.423）
Q	− 0.029 ** （− 2.430）	− 0.0140 （− 1.569）	0.00100 （0.104）	− 0.035 *** （− 3.028）
Cf	− 0.218 （− 1.047）	− 0.142 （− 0.879）	− 0.0250 （− 0.148）	− 0.368 * （− 1.817）
Cash	0.312 ** （2.337）	0.245 ** （2.354）	0.117 （1.065）	0.512 *** （3.943）
Share1	0 （− 0.281）	− 0.00100 （− 1.015）	− 0.003 *** （− 3.836）	0.002 ** （1.961）
Indepence	0.421 （1.461）	0.417 * （1.857）	0.445 * （1.872）	0.542 * （1.933）
Growth	− 0.00100 （− 0.060）	0.00100 （0.065）	− 0.00100 （− 0.050）	0.00500 （0.221）
Age	− 0.148 *** （− 6.245）	− 0.100 *** （− 5.454）	− 0.059 *** （− 3.026）	− 0.146 *** （− 6.375）
Mshares	0.0940 （0.961）	0.0270 （0.356）	− 0.220 *** （− 2.734）	0.237 ** （2.501）
Dual	0.166 *** （4.540）	0.137 *** （4.803）	0.163 *** （5.402）	0.089 ** （2.487）

变量	全样本			
	专利申请总数量	赋权专利申请总数量	实质性专利申请数量	策略性申请总数量
	LnPatente1/t + 1	LnPatente2/t + 1	LnPatente3/t + 1	LnPatente4/t + 1
Method	OLS（1）	OLS（2）	OLS（3）	OLS（4）
Cons	− 8. 306 *** (− 18. 446)	− 7. 416 *** (− 21. 128)	− 7. 235 *** (− 19. 487)	− 7. 925 *** (− 18. 093)
Ind	控制	控制	控制	控制
Year	控制	控制	控制	控制
N	9645	9645	9645	9645
Adj R^2	0. 165	0. 177	0. 160	0. 145

注：括号内为 t 值，*** 、** 、* 分别表示显著性水平为 1% 、5% 、10% 。

（2）融资融券制度对专利数量不为 0 的子样本的影响

虽然已经剔除了样本期间每年专利数量为 0 的样本，但是还有诸多样本的专利申请数量为 0。本书进一步考察了各专利申请数量不为 0 的子样本受融资融券影响的情况。

表 6 - 7 列示了融资融券制度引入对子样本企业专利申请总量的影响。由列（1）可以看出，当把企业专利申请总量的哑变量作为因变量进行回归时，List × Post 的系数在 1% 的显著性水平下显著为负，说明当企业成为融资融券标的企业之后，与控制组的企业相比实验组企业并没有倾向于进行专利的申请工作，反而是倾向于不进行专利的申请。这也从另一方面证实了融资融券制度的真正作用，原来有部分企业可能想通过进行专利申请来提升企业的知名度获得企业的发展，但是有了融资融券这一交易制度后，企业不敢贸然进行专利申请，因为相对应付的创新活动更加容易被融资融券交易者所发现，管理者会受到相应的惩罚，所以进行专利申请的倾向性降低。

在此基础上，进一步观察原本就有专利申请企业的情况。列（2）和列（3）是以发明专利、实用新型专利和外观设计专利三种专利总和加 1 的自然对数为因变量分别采用混合 OLS 模型和固定效应（FE）模型进行回归的结果。从表中可以知道，当采用 OLS 进行回归时，List × Post 的系数（β = 0. 033，t = 0. 676）虽然为正，但并不显著，即在有专利申请的企业中，融资融券制度的引入对企业申请专利有一定的促进作用，但这个作用并不明显。列（3）中的结果显示，在控制了企业的个体效应之后，List × Post 的系数（$\beta = 0.123$，$t = 2.560$）在5%的显著性水平下显著为正，说明与控制组相比，融资融券制度的引入确实提高了企业创新投资的收益，促进了专利申请总数量的增加。表6 – 7 中的列（4）和列（5）给出了赋予权重之后的专利申请总量作为因变量的回归结果，同样使用了混合 OLS 模型和固定效应（FE）模型。由列（4）可以看出，在混合 OLS 模型中，List × Post 的系数（$\beta = 0.053$，$t = 1.283$）为正，但是并不显著，只能说明融资融券制度对促进赋权后的专利申请数量有作用，然而并不明显。在使用固定效应模型控制了公司的个体效应之后，List × Post 的系数（$\beta = 0.130$，$t = 3.058$）在1%的显著性水平下表现为显著正向，证明了融资融券制度对企业赋权后的专利申请的显著促进作用。

概括而言，虽然成为融资融券标的企业之后，企业进行专利申请的倾向是降低的，但是具体地从有专利申请的样本数据来看，融资融券制度的实施能够在一定程度上约束管理层的行为，使管理层更加积极地布局创新活动，促进实验组企业的管理者更加积极地进行专利申请，创新投资产生了效率，企业创新投资的直接收益有所提升。

表6 – 7　　　　融资融券制度对企业专利申请总量的影响

变量	全样本	子样本			
	Patent_dummy	Lnpatent1	Lnpatent1	Lnpatent2	Lnpatent2
Method	Logit（1）	OLS（2）	FE（3）	OLS（4）	FE（5）
List	0.224 *** (3.366)	0.147 *** (3.634)	—	0.144 *** (4.178)	—
List × post	− 0.251 *** (− 2.884)	0.0330 (0.676)	0.123 ** (2.560)	0.0530 (1.283)	0.130 *** (3.058)
Size	0.214 *** (6.754)	0.416 *** (23.110)	0.185 *** (3.592)	0.380 *** (24.764)	0.158 *** (3.518)
Lev	− 0.445 *** (− 2.673)	0.0970 (1.014)	0.160 (1.006)	0.0790 (0.962)	0.152 (1.124)

续表

变量	全样本	子样本			
	Patent_dummy	Lnpatent1	Lnpatent1	Lnpatent2	Lnpatent2
Method	Logit（1）	OLS（2）	FE（3）	OLS（4）	FE（5）
Roa	1.890*** (3.281)	1.435*** (4.171)	0.0920 (0.272)	1.083*** (3.687)	0.114 (0.398)
Q	−0.050*** (−2.875)	−0.00500 (−0.517)	−0.0110 (−0.924)	0.002 (0.190)	−0.007 (−0.730)
Cf	−0.228 (−0.728)	−0.0670 (−0.361)	−0.248 (−1.560)	−0.0420 (−0.263)	−0.178 (−1.314)
Cash	−0.003 (−0.016)	0.383*** (3.323)	−0.0720 (−0.513)	0.276*** (2.801)	−0.0710 (−0.595)
Share1	0 (−0.160)	0.00100 (1.006)	−0.00100 (−0.450)	0 (0.135)	−0.001 (−0.663)
Indepence	−0.363 (−0.813)	0.558** (2.255)	−0.00900 (−0.024)	0.501** (2.370)	0.00400 (0.012)
Growth	−0.0390 (−1.154)	0.0170 (0.799)	−0.0160 (−0.795)	0.0160 (0.896)	−0.0140 (−0.866)
Age	−0.375*** (−9.871)	−0.0260 (−1.295)	−0.0580 (−1.197)	−0.0200 (−1.170)	−0.0580 (−1.376)
Mshares	0.196 (1.208)	0.0620 (0.773)	−0.214 (−1.167)	0.0100 (0.150)	−0.137 (−0.917)
Dual	0.115** (1.967)	0.129*** (4.269)	0.0300 (0.724)	0.116*** (4.499)	0.0200 (0.575)
Cons	−4.768*** (−6.877)	−7.791*** (−19.11)	−1.820 (−1.617)	−7.653*** (−21.98)	−2.051** (−2.082)
Ind	控制	控制	控制	控制	控制
Year	控制	控制	控制	控制	控制
Firm	—	—	控制	—	控制
N	11365	8461	8461	8461	8461
Adj R^2	—	0.178	0.0820	0.198	0.102

131

续表

变量	全样本	子样本			
	Patent_dummy	Lnpatent1	Lnpatent1	Lnpatent2	Lnpatent2
Method	Logit (1)	OLS (2)	FE (3)	OLS (4)	FE (5)
LR chi2	1218. 73 *** (0. 000)	—	—	—	—
F	—	50. 51 *** (0. 000)	11. 06 *** (0. 000)	51. 57 *** (0. 000)	12. 42 *** (0. 000)

注：括号内为 t 值，*** 、** 、* 分别表示显著性水平为 1%、5%、10%。

　　由前述的回归结果可以知道，融资融券制度的实施对企业当年以及下一年的发明专利申请数量产生了显著促进作用。因为有些企业是没有发明专利的，特别地，本书进一步在发明专利申请数量不为零的子样本考察了融资融券制度实施所发挥的作用。表 6 - 8 描述了企业引入融资融券制度在子样本中对企业当年及下一年的实质性专利申请即发明专利申请总量的影响。列（1）和列（2）分别给出了当年发明专利申请为因变量时使用 OLS 和 FE 回归的结果，两个模型的 List × Post 系数均在 1% 的显著性水平下显著为正，即对于本身已经拥有发明专利申请数量的企业来说，融资融券制度对管理层的监督机制起到了作用，在增加创新投资的同时，企业确实获得了收益，当年发明专利申请数量增加。表中的列（3）和列（4）显示了融资融券制度对下一年发明专利申请数量的回归结果。可以看出，无论是采用混合 OLS 方法（$\beta = 0.117$，$t = 2.032$）还是控制了公司的固定效应（$\beta = 0.125$，$t = 2.141$），差分项 List × Post 系数均为 5% 的显著性水平下显著为正，即融资融券制度的实施也会促进管理层积极进行下一年发明专利的申请工作，使发明专利的申请数量增加。

表 6 - 8　融资融券制度与实质性（发明）专利申请总量的回归结果

变量	发明专利申请数量不为 0 的样本				
	Lnpatent3/t		Lnpatent3/t + 1		Lnpatent5/t + 3
Method	OLS (1)	FE (2)	OLS (3)	FE (4)	OLS (5)
List	0. 155 *** (4. 071)	—	0. 220 *** (4. 768)	—	0. 260 *** (5. 255)

变量	发明专利申请数量不为 0 的样本				
	Lnpatent3/t		Lnpatent3/t + 1		Lnpatent5/t + 3
Method	OLS（1）	FE（2）	OLS（3）	FE（4）	OLS（5）
List × Post	0. 160 ***	0. 205 ***	0. 117 **	0. 125 **	0. 145 *
	(3. 519)	(4. 218)	(2. 032)	(2. 141)	(1. 934)
Size	0. 361 ***	0. 146 ***	0. 426 ***	0. 174 **	0. 496 ***
	(21. 543)	(2. 917)	(19. 712)	(2. 521)	(19. 047)
Lev	0. 0430	0. 197	0. 187	0. 346 *	− 0. 282 *
	(0. 472)	(1. 300)	(1. 560)	(1. 691)	(− 1. 887)
Roa	0. 512	− 0. 136	1. 971 ***	1. 461 ***	1. 755 ***
	(1. 581)	(− 0. 421)	(4. 672)	(3. 308)	(3. 256)
Q	0. 0160	0. 00600	0. 00900	0. 0120	− 0. 0230
	(1. 619)	(0. 521)	(0. 706)	(0. 780)	(− 1. 274)
Cf	− 0. 0330	− 0. 0980	− 0. 0120	− 0. 273	− 0. 387
	(− 0. 190)	(− 0. 542)	(− 0. 053)	(− 1. 281)	(− 1. 391)
Cash	0. 0750	− 0. 273 *	0. 227	− 0. 008	0. 147
	(0. 678)	(− 1. 850)	(1. 572)	(− 0. 044)	(0. 830)
Share1	− 0. 00100	− 0. 00400	− 0. 002 *	− 0. 00200	− 0. 003 **
	(− 1. 366)	(− 1. 382)	(− 1. 889)	(− 0. 397)	(− 2. 150)
Indepence	0. 584 **	− 0. 0690	0. 725 **	0. 224	0. 282
	(2. 495)	(− 0. 217)	(2. 373)	(0. 488)	(0. 750)
Growth	0. 041 **	− 0. 0180	0. 0450	0. 0180	0. 059 *
	(2. 002)	(− 0. 887)	(1. 631)	(0. 705)	(1. 659)
Age	0. 0260	− 0. 0680	0. 00900	− 0. 120 *	− 0. 163 ***
	(1. 366)	(− 1. 321)	(0. 337)	(− 1. 838)	(− 5. 375)
Mshares	− 0. 154 **	− 0. 0570	− 0. 175 *	− 0. 00200	0. 297 **
	(− 1. 978)	(− 0. 291)	(− 1. 712)	(− 0. 007)	(2. 338)
Dual	0. 142 ***	0. 0170	0. 203 ***	0. 0250	0. 217 ***
	(4. 960)	(0. 418)	(5. 374)	(0. 446)	(4. 635)

变量	发明专利申请数量不为 0 的样本				
	Lnpatent3/t		Lnpatent3/t + 1		Lnpatent5/t + 3
Method	OLS（1）	FE（2）	OLS（3）	FE（4）	OLS（5）
Cons	− 6.950 *** （− 18.130）	− 1.581 （− 1.444）	− 8.726 *** （− 17.637）	− 2.548 * （− 1.666）	− 10.100 *** （− 16.805）
Ind	控制	控制	控制	控制	控制
Year	控制	控制	控制	控制	控制
Firm	—	控制	—	控制	—
N	6912	6912	5723	5723	3734
Adj R²	0.211	0.125	0.215	0.0760	0.229

注：括号内为 t 值，*** 、** 、* 分别表示显著性水平为 1%、5%、10%。

借鉴钟宇翔（2017）的研究中使用当年有发明专利企业第三年专利授权数量来衡量发明专利情况的思想，本书进一步考察了发明专利申请数量不为 0 的样本在第三年的专利授权情况是否受到融资融券制度的影响，验证结果的稳健程度。列（5）给出了具体的回归结果，可以看出，List × Post 的系数（β = 0.145，t = 1.934）在 10% 的显著性水平下为正，这说明融资融券制度的实施确实发挥了效果，使企业当年和后一年的发明专利申请数量有了提升，企业的发明专利是高质量的，经过管理层的筛选、研究开发等努力工作，专利的授权数量也有一定程度的提升。

以上的回归结果说明对于已经拥有了发明专利即实质性专利申请的企业来说，从发明专利申请的角度来看，融资融券对创新投资的收益起到了持续的促进作用。融资融券制度的实施可以使企业管理层把更多的时间花费在实质性专利的研究过程中，创新的投入资金也应该大部分花费在了此类创新项目上，企业创新投资的收益显著提升。这一结果从侧面肯定了融资融券的作用，融资融券制度作为外部治理机制的一种补充，其通过融资融券交易者的信息挖掘对管理层形成监督约束，促使管理层从企业长期利益出发，更多开展创新活动。企业发明专利的申请数量得到有效促进，也即管理者把创新投资投放在了更加具有挑战性、成功后收益更大的发明专利上，管理者的短视行为切实得到了约束，管理者不是把资金投入到收效更快的实用新型和外观设计专利上，而是真正从企业的长期利益出发，积极布局技术含量更高、专业性更强的发明专利。

表 6 - 9 描述了企业引入融资融券制度对策略性专利申请总量的影响。由列（1）可以看出，当把企业策略性专利申请总量的哑变量作为因变量进行回归时，List × Post 的系数（β = - 0. 269，t = - 3. 568）在 1% 的显著性水平下显著为负，说明当企业成为融资融券标的企业之后，与控制组的企业相比实验组企业并没有倾向于进行策略性专利的申请工作，反而是倾向于不进行策略性专利的申请。这与前述对专利申请总量的影响是类似的，尤其对于实用新型专利和外观设计专利来说，其相较于发明专利而言包含较低的技术含量，之前管理者可能想通过进行这类专利的申请提高企业声誉或者获得政府的补助等。但是随着融资融券制度的实施，企业的管理层受到大股东、中小股东以及融资融券交易者的监督，其短视行为或机会主义行为受到抑制，不会贸然通过申请技术含量不高的实用新型和外观设计专利来提升自身的业绩，所以当企业成为融资融券标的之后，管理层进行策略性专利申请的积极性受到一定程度的影响。

表 6 - 9　　　　融资融券制度与策略性专利申请总量的回归结果

变量	Patent4_dummy	Lnpatent4	Lnpatent4
Method	Logit（1）	OLS（2）	FE（3）
List	0. 154 ** (2. 519)	0. 0530 (1. 199)	—
List × Post	- 0. 196 ** (- 2. 538)	0. 00100 (0. 010)	0. 0730 (1. 329)
Size	0. 223 *** (7. 777)	0. 397 *** (20. 641)	0. 156 ** (2. 450)
Lev	- 0. 0420 (- 0. 279)	0. 111 (1. 058)	0. 158 (0. 845)
Roa	1. 385 *** (2. 628)	1. 594 *** (4. 198)	0. 785 ** (2. 007)
Q	- 0. 086 *** (- 5. 489)	0. 0110 (0. 983)	- 0. 0150 (- 1. 146)

续表

变量	Patent4_dummy	Lnpatent4	Lnpatent4
Method	Logit（1）	OLS（2）	FE（3）
Cf	− 0.455 （− 1.606）	− 0.188 （− 0.918）	− 0.515 *** （− 3.043）
Cash	0.425 ** （2.310）	0.467 *** （3.743）	0.105 （0.651）
Share1	0.003 * （1.670）	0.002 ** （2.281）	− 0.00200 （− 0.648）
Indepence	0.338 （0.846）	0.392 （1.471）	− 0.514 （− 1.207）
Growth	− 0.0180 （− 0.558）	0.00200 （0.098）	− 0.0190 （− 0.768）
Age	− 0.306 *** （− 9.336）	− 0.038 * （− 1.774）	− 0.0490 （− 0.905）
Mshares	0.353 *** （2.596）	0.0930 （1.079）	− 0.309 （− 1.417）
Dual	− 0.0210 （− 0.413）	0.135 *** （4.064）	0.0420 （0.846）
Cons	− 6.118 *** （− 9.588）	− 7.166 *** （− 16.133）	− 1.126 （− 0.818）
Ind	控制	控制	控制
Year	控制	控制	控制
Firm	—	—	控制
N	11365	6932	6932
Adj R^2	—	0.152	0.052
LR chi2	1141.00 *** （0.000）	—	—
F	—	34.7 *** （0.000）	5.92 *** （0.000）

注：括号内为 t 值，*** 、** 、* 分别表示显著性水平为 1% 、5% 、10% 。

进一步地考察那些本身就已经进行了实用新型和外观设计专利申请的企业，表 6 - 9 中的列（2）和列（3）给出了具体的回归结果。列（2）是进行了混合 OLS 之后的结果，列（3）是进行了固定效应回归且控制了企业个体效应的结果，可以看出，无论是 OLS 回归的系数（β = 0.053，t = 1.199）还是固定效应模型回归的系数（β = 0.073，t = 1.329）都不显著。虽然这两组系数都是正的，但是其均没有通过显著性检验。这就说明在企业本身进行策略性专利申请的前提下，引入融资融券机制之后，实验组的策略性专利申请数量并没有显著提升。这可能是因为企业的管理层在严密的监督约束之下，开展了更为专业的创新活动，而并没有把过多的时间和精力花费在浮于表层的策略性创新活动中。

由实证结果可以看出，融资融券对创新投资的促进作用产生了较好的效果。虽然专利申请的总数量没有增加，但是融资融券真实地促进了实质性的专利—发明专利申请数量的增加，说明企业切实地开展了创新活动，管理者把更多的精力放在了技术含量较高的发明创新上，以期提高企业的核心竞争力。

6.3.3.3　融资融券制度对创新投资配置程度的影响

表 6 - 10 给出了融资融券制度对企业创新投资配置程度的影响，投入的配置程度采用 DEA 方法由 2007 ~ 2016 逐年计算得来，投入指创新投资，产出通过企业发明专利申请数量衡量。

表 6 - 10　　融资融券制度与企业创新投资配置程度的回归结果

变量	RDEF	RDEF
Method	OLS（1）	FE（2）
List	0.022 *** （3.293）	—
List × Post	0.020 *** （2.624）	0.027 *** （3.497）
Size	0.034 *** （11.781）	0.00500 （0.509）

续表

变量	RDEF	RDEF
Method	OLS（1）	FE（2）
Lev	0.035 ** (2.245)	0.0450 (1.540)
Roa	0.0160 (0.290)	-0.0650 (-1.035)
Q	0.00200 (1.538)	0 (0.021)
Cf	-0.0160 (-0.547)	-0.0180 (-0.590)
Cash	0.00700 (0.377)	-0.0380 (-1.399)
Share1	0 (-0.847)	0 (-0.824)
Indepence	0.065 * (1.659)	-0.0120 (-0.210)
Growth	0.00100 (0.362)	-0.00300 (-1.339)
Age	0.012 *** (3.596)	0.00100 (0.077)
Mshares	-0.028 ** (-2.236)	-0.0390 (-1.151)
Dual	0.020 *** (4.120)	0.00300 (0.417)
Cons	-0.497 *** (-7.173)	0.204 (1.064)
Ind	控制	控制
Year	控制	控制
N	6197	6197
Adj R²	0.168	0.137
F	34.82 *** (0.000)	32.06 *** (0.000)

注：括号内为 t 值，*** 、** 、* 分别表示显著性水平为 1%、5%、10%。

表 6 – 10 中的列（1）给出了采用混合 OLS 进行回归得到的结果，列（2）是利用固定效应模型回归得到的结果。列（1）中 List × Post 的回归系数 β = 0.020(t = 2.624)，列（2）中 List × Post 的系数 β = 0.027(t = 3.497)，两组系数均在 1% 的显著性水平下显著为正，自变量与因变量之间具有显著的正相关关系，说明融资融券制度的实施对创新投资的配置效率具有正向影响。在融资融券制度的约束下，企业的管理者不是在做表面功夫，而是切实地把创新资金投入到了有用的地方，配置效率得到了优化提升，用更优的投入获得了更多的产出。

6.4　稳健性检验

6.4.1　对样本进行倾向得分匹配（PSM）

表 6 – 11 列示了在对样本进行了倾向得分匹配（PSM）后融资融券制度对企业创新投资合理程度的检验结果。由列（1）和列（2）可以知道，融资融券制度对创新投资过度的可能性并没有显著的影响。相反，从列（3）和列（4）可以看出，无论是使用普通 Logit 回归还是使用面板 Logit 回归，List × Post 的系数均在 5% 的显著性水平下显著，这说明融资融券制度可以显著降低企业创新投资不足的可能性，与前文中的结论一致，结论是稳健的。

表 6 – 11　PSM 后融资融券制度与创新投资合理程度的回归结果

变量	创新投资过度组		创新投资不足组	
Method	Logit（1）	面板 Logit（2）	Logit（3）	面板 Logit（4）
List	0.286 *** (3.688)	—	– 0.0150 (– 0.191)	—
List × Post	– 0.00300 (– 0.028)	0.0440 (0.329)	– 0.203 ** (– 2.149)	– 0.312 ** (– 2.245)

变量	创新投资过度组		创新投资不足组	
Method	Logit（1）	面板 Logit（2）	Logit（3）	面板 Logit（4）
Roa	3.764*** (6.082)	3.874*** (3.416)	1.173* (1.873)	0.706 (0.678)
Cf	0.876** (2.281)	1.582*** (2.650)	0.103 (0.281)	−0.471 (−0.869)
Share1	−0.00200 (−1.006)	−0.00600 (−0.817)	0.00300 (1.638)	0.0120 (1.532)
Indepence	0.725 (1.389)	0.820 (0.673)	0.253 (0.459)	1.594 (1.296)
Mshares	0.323 (1.589)	2.497** (2.291)	0.533*** (2.593)	−0.128 (−0.138)
Dual	0.229*** (3.247)	0.180 (1.104)	0.271*** (3.697)	0.411** (2.516)
Cons	−1.193*** (−3.521)	—	−1.607*** (−3.871)	—
Ind	控制	控制	控制	控制
Year	控制	控制	控制	控制
N	6085	3530	5769	3336
LR chi2	161.95*** (0.000)	36.42*** (0.0015)	70.51*** (0.000)	47.54*** (0.000)

注：括号内为 t 值，***、**、* 分别表示显著性水平为1%、5%、10%。

　　表6-12中的列（1）、列（2）、列（3）、列（4）分别是专利申请总数量、赋予权重的专利申请总数量、发明专利申请总数量、实用新型和外观设计专利申请总数量和作为因变量的回归结果。由表可以看出，融资融券制度对专利申请总数量并未产生显著的作用，对策略性专利申请数量作用也不显著，但其对发明专利申请数量有显著的促进作用。这与前文的回归结果是一致的，也说明前文的结论是稳健的。

表 6－12　　　PSM 后融资融券制度与专利申请数量的回归结果

变量	Lnpatent1	Lnpatent2	Lnpatent3	Lnpatent4
Method	OLS（1）	OLS（2）	OLS（3）	OLS（4）
List	0.223 *** (4.802)	0.186 *** (5.234)	0.208 *** (5.540)	0.128 *** (2.852)
List × Post	－0.0130 (－0.210)	0.0260 (0.564)	0.098 ** (1.986)	－0.0500 (－0.852)
Size	0.298 *** (11.898)	0.251 *** (13.073)	0.245 *** (12.053)	0.264 *** (10.880)
Lev	0.159 (1.376)	0.181 ** (2.051)	0.168 * (1.797)	0.319 *** (2.860)
Roa	2.700 *** (6.775)	2.101 *** (6.891)	1.861 *** (5.769)	2.360 *** (6.114)
Q	－0.039 *** (－3.149)	－0.027 *** (－2.821)	－0.0140 (－1.419)	－0.045 *** (－3.790)
Cf	－0.0440 (－0.204)	0 (－0.001)	0.200 (1.142)	－0.300 (－1.435)
Cash	0.217 (1.473)	0.186 * (1.650)	0.125 (1.044)	0.381 *** (2.669)
Share1	0 (－0.399)	－0.00100 (－1.039)	－0.003 *** (－3.000)	0.00200 (1.462)
Indepence	0.354 (1.093)	0.365 (1.471)	0.518 ** (1.976)	0.362 (1.154)
Growth	－0.0250 (－1.135)	－0.0160 (－0.938)	－0.0170 (－0.959)	－0.0190 (－0.878)
Age	－0.180 *** (－6.904)	－0.121 *** (－6.069)	－0.063 *** (－2.966)	－0.185 *** (－7.297)
Mshares	0.101 (0.893)	0.0240 (0.283)	－0.187 ** (－2.052)	0.232 ** (2.129)
Dual	0.148 *** (3.702)	0.118 *** (3.865)	0.118 *** (3.631)	0.085 ** (2.194)

续表

变量	Lnpatent1	Lnpatent2	Lnpatent3	Lnpatent4
Method	OLS（1）	OLS（2）	OLS（3）	OLS（4）
Cons	−6.138 *** （−11.103）	−5.395 *** （−12.757）	−5.366 *** （−11.987）	−5.604 *** （−10.465）
Ind	控制	控制	控制	控制
Year	控制	控制	控制	控制
N	7665	7665	7665	7665
Adj R²	0.140	0.144	0.126	0.117

注：括号内为 t 值，*** 、** 、* 分别表示显著性水平为 1% 、5% 、10%。

表 6 − 13 列示了倾向得分匹配后融资融券制度对创新投资配置效率的影响结果。可以看出，无论使用 OLS 回归还是固定效应模型回归，List × Post 的系数均在 5% 的显著性水平下显著为正，说明融资融券对创新投资配置效率具有促进作用的结论是稳健的。

表 6 − 13　　PSM 后融资融券制度与企业创新投资配置程度的回归结果

变量	RDEF	RDEF
Method	OLS（1）	FE（2）
List	0.023 *** （2.930）	
List × Post	0.021 ** （2.317）	0.020 ** （2.253）
Size	0.023 *** （5.779）	0.0100 （1.042）
Lev	0.074 *** （4.026）	0.108 *** （2.979）
Roa	0.214 *** （3.290）	0.00300 （0.031）

续表

变量	RDEF	RDEF
Method	OLS（1）	FE（2）
Q	0 （0.103）	0.00100 （0.446）
Cf	−0.00800 （−0.217）	−0.0290 （−0.758）
Cash	0.00300 （0.125）	−0.0230 （−0.641）
Share1	0 （−1.051）	0 （−0.391）
Indepence	0.084* （1.707）	−0.0160 （−0.231）
Growth	0 （0.086）	−0.00300 （−0.593）
Age	0.012*** （3.084）	0.0110 （0.905）
Mshares	−0.034** （−2.065）	−0.0140 （−0.346）
Dual	0.012** （2.137）	−0.00500 （−0.517）
Cons	−0.242*** （−2.613）	0.0740 （0.334）
Ind	控制	控制
Year	控制	控制
N	4108	4108
Adj R^2	0.127	0.132
F	17.47*** （0.000）	18.63*** （0.000）

注：括号内为t值，***、**、*分别表示显著性水平为1%、5%、10%。

6.4.2 保留融资融券当年数据，但令 Post = 0

表 6 - 14 列示了加入融资融券标的当年 Post 为 0 时对专利申请数量的回归结果。结果显示即使改变 Post 变量的定义，引入融资融券制度能显著降低企业创新投资不足的概率，对创新投资过度无显著影响。

表 6 - 14   改变 Post 变量定义后融资融券制度与企业创新
投资合理程度的回归结果

变量	创新投资过度组		创新投资不足组	
Method	Logit（1）	面板 Logit（2）	Logit（3）	面板 Logit（4）
List	0.214 *** (3.662)	—	-0.0840 (-1.397)	—
List × Post	-0.0240 (-0.302)	-0.133 (-1.199)	-0.311 *** (-3.584)	-0.360 *** (-3.021)
Roa	3.633 *** (7.537)	3.339 *** (4.296)	0.918 ** (1.987)	1.227 * (1.746)
Cf	0.946 *** (3.211)	1.283 *** (2.899)	-0.134 (-0.497)	-0.640 * (-1.701)
Share1	-0.00200 (-1.323)	0.00500 (0.900)	0.004 *** (2.766)	0.011 ** (2.154)
Indepence	0.197 (0.470)	-1.212 (-1.286)	0.259 (0.622)	0.525 (0.595)
Mshares	-0.0560 (-0.423)	1.563 ** (2.549)	0.418 *** (3.354)	0.596 (1.316)
Dual	0.155 *** (2.907)	0.104 (0.872)	0.191 *** (3.625)	0.224 ** (2.043)
Cons	-0.841 *** (-3.224)	—	-1.031 *** (-3.902)	—
Ind	控制	控制	控制	控制
Year	控制	控制	控制	控制

续表

变量	创新投资过度组		创新投资不足组	
Method	Logit（1）	面板 Logit（2）	Logit（3）	面板 Logit（4）
N	9478	6262	9574	6085
LR chi2	113.82 *** (0.000)	57.50 *** (0.000)	183.31 *** (0.000)	58.09 *** (0.0015)

注：括号内为 t 值，*** 、** 、* 分别表示显著性水平为 1%、5%、10%。

表 6-15 列示了加入融资融券标的当年 Post 为 0 时对专利申请数量的回归结果。列（1）、列（2）、列（3）、列（4）分别是专利申请总数量、赋予权重的专利申请总数量、发明专利申请（实质性）、实用新型和外观设计专利申请（策略性）作为因变量时的回归结果。从 List × Post 的系数可以知道，融资融券制度对专利申请总数量并未产生显著的作用，对策略性专利申请数量作用也不显著，但其对发明专利申请数量有显著的促进作用。这与前文的回归结果是一致的，说明前文的结论是稳健的。

145

表 6-15　　　　改变 Post 变量定义后融资融券制度与
企业专利申请数量的回归结果

变量	全样本			
	LnPatente1/t	LnPatente2/t	LnPatente3/t	LnPatente4/t
Method	OLS（1）	OLS（2）	OLS（3）	OLS（4）
List	0.186 *** (4.786)	0.157 *** (5.209)	0.195 *** (6.147)	0.092 ** (2.418)
List × Post	-0.0150 (-0.281)	0.0340 (0.828)	0.113 *** (2.637)	-0.0570 (-1.121)
Size	0.387 *** (20.640)	0.333 *** (22.925)	0.324 *** (21.147)	0.354 *** (19.389)
Lev	-0.108 (-1.080)	-0.0580 (-0.748)	-0.0740 (-0.906)	0.0620 (0.641)

续表

变量	全样本			
	LnPatente1/t	LnPatente2/t	LnPatente3/t	LnPatente4/t
Method	OLS（1）	OLS（2）	OLS（3）	OLS（4）
Roa	1. 700 *** (4. 816)	1. 207 *** (4. 421)	0. 900 *** (3. 120)	1. 379 *** (4. 015)
Q	− 0. 025 ** (− 2. 319)	− 0. 0120 (− 1. 494)	0. 00500 (0. 549)	− 0. 034 *** (− 3. 308)
Cf	− 0. 0460 (− 0. 245)	− 0. 00300 (− 0. 023)	0. 131 (0. 849)	− 0. 249 (− 1. 354)
Cash	0. 271 ** (2. 228)	0. 189 ** (2. 011)	0. 0320 (0. 326)	0. 500 *** (4. 222)
Share1	0 (− 0. 024)	− 0. 00100 (− 0. 692)	− 0. 003 *** (− 3. 196)	0. 002 ** (2. 043)
Indepence	0. 285 (1. 085)	0. 291 (1. 433)	0. 379 * (1. 769)	0. 409 (1. 604)
Growth	− 0. 0150 (− 0. 711)	− 0. 00800 (− 0. 517)	− 0. 00800 (− 0. 486)	− 0. 0120 (− 0. 585)
Age	− 0. 169 *** (− 7. 910)	− 0. 115 *** (− 6. 939)	− 0. 061 *** (− 3. 487)	− 0. 171 *** (− 8. 227)
Mshares	0. 0750 (0. 850)	0. 0110 (0. 162)	− 0. 189 *** (− 2. 620)	0. 191 ** (2. 225)
Dual	0. 147 *** (4. 453)	0. 121 *** (4. 749)	0. 133 *** (4. 926)	0. 078 ** (2. 418)
Cons	− 7. 954 *** (− 19. 231)	− 7. 033 *** (− 21. 982)	− 6. 911 *** (− 20. 452)	− 7. 527 *** (− 18. 697)
Ind	控制	控制	控制	控制
Year	控制	控制	控制	控制
N	11365	11365	11365	11365
Adj R^2	0. 161	0. 171	0. 154	0. 139
F	59. 87 *** (0. 000)	64. 19 *** (0. 000)	56. 76 *** (0. 000)	50. 66 *** (0. 000)

注：括号内为 t 值，*** 、** 、* 分别表示显著性水平为 1% 、5% 、10% 。

表 6 – 16 是改变 Post 定义后引入融资融券对创新投资配置程度的回归结果。List × Post 的系数均在显著性水平下显著为正，说明前述的结论是稳健的。

表 6 – 16　　　　**改变 Post 变量定义后融资融券制度与企业创新**
投资配置程度的回归结果

变量	RDEF	RDEF
Method	OLS（1）	FE（2）
List	0. 025 *** (4. 068)	—
List × Post	0. 019 ** (2. 488)	0. 022 *** (2. 933)
Size	0. 035 *** (11. 912)	0. 00500 (0. 604)
Lev	0. 034 ** (2. 212)	0. 0460 (1. 558)
Roa	0. 0190 (0. 345)	– 0. 0470 (– 0. 723)
Q	0. 003 * (1. 655)	0 (0. 074)
Cf	– 0. 0130 (– 0. 435)	– 0. 0190 (– 0. 611)
Cash	0. 00400 (0. 204)	– 0. 0400 (– 1. 504)
Share1	0 (– 0. 830)	0 (– 0. 904)
Indepence	0. 065 * (1. 653)	– 0. 0110 (– 0. 202)
Growth	0. 006 * (1. 840)	– 0. 00400 (– 1. 110)
Age	0. 012 *** (3. 600)	0 (0. 024)
Mshares	– 0. 029 ** (– 2. 293)	– 0. 0400 (– 1. 172)

变量	RDEF	RDEF
Method	OLS（1）	FE（2）
Dual	0. 020 *** （4. 167）	0. 00300 （0. 407）
Cons	− 0. 516 *** （ − 7. 470）	0. 186 （0. 976）
Ind	控制	控制
Year	控制	控制
N	6197	6197
Adj R^2	0. 168	0. 135
F	34. 93 *** （0. 000）	33. 51 *** （0. 000）

注：括号内为 t 值，***、**、* 分别表示显著性水平为 1%、5%、10%。

6.4.3 融券交易量及融券余量的影响

表 6 − 17 列示了融券余量及交易量与企业创新投资合理程度回归结果。由列（1）和列（2）可以看出，无论是融券余量还是融券交易量都对可以显著减少创新投资不足的概率。而列（3）和列（4）的结果则显示，融资融券并不会显著提高企业创新投资过度的概率。这与前述的结果是一致的，也说明结论是稳健的。

表 6 − 17　融券余量及交易量与企业创新投资合理程度的回归结果

变量	ES3 （创新投资不足）	ES3 （创新投资不足）	ES2 （创新投资过度）	ES2 （创新投资过度）
Method	Logit（1）	Logit（2）	Logit（3）	Logit（4）
Short1	− 9. 282 ** （ − 2. 433）	—	2. 491 （1. 009）	—
Short2	—	− 0. 065 *** （ − 3. 362）	—	0. 0190 （1. 178）

续表

变量	ES3 （创新投资不足）	ES3 （创新投资不足）	ES2 （创新投资过度）	ES2 （创新投资过度）
Method	Logit（1）	Logit（2）	Logit（3）	Logit（4）
Roa	0.660 (1.420)	0.646 (1.391)	4.194*** (8.688)	4.204*** (8.729)
Cf	-0.136 (-0.491)	-0.147 (-0.529)	1.000*** (3.350)	1.005*** (3.368)
Share1	0.004*** (2.798)	0.004*** (2.806)	-0.002 (-1.204)	-0.00200 (-1.206)
Indepence	0.222 (0.533)	0.208 (0.501)	0.263 (0.626)	0.267 (0.638)
Mshare	0.544*** (4.486)	0.529*** (4.368)	-0.185 (-1.445)	-0.180 (-1.402)
Dual	0.201*** (3.833)	0.199*** (3.778)	0.151*** (2.835)	0.152*** (2.848)
Cons	-0.963*** (-3.773)	-0.964*** (-3.774)	-0.860*** (-3.330)	-0.859*** (-3.327)
Ind	控制	控制	控制	控制
Year	控制	控制	控制	控制
N	9496	9496	9585	9585
LR chi2	90.24*** (0.000)	96.04*** (0.000)	173.16*** (0.000)	170.49*** (0.000)

注：括号内为 t 值，***、**、*分别表示显著性水平为 1%、5%、10%。

表 6-18 列示了融券余量及交易量对企业当年专利申请数量的回归结果。列（1）~列（4）是可卖空股票量即融券余量对专利申请总量、赋权后的专利申请总量、实质性专利申请数量和策略性专利申请数量的回归结果。可以看出，融券余量对赋权后的专利申请数量有显著促进作用，实质性专利申请数量也有显著提升，对专利申请总量和策略性专利申请数量无显著影响。虽然结果在赋权后的专利申请总量上与前述的检

验结果略有不同，但从融券余量看融资融券对专利申请数量的影响验证了提出的假设。列（5）~列（8）是融券交易量作为自变量时的回归结果，仍然是对专利申请总量、实质性专利申请总量有显著的促进作用，对策略性专利申请数量无显著影响，进一步验证了结论的可靠性。

表6－18　融券余量及交易量与企业当年专利申请数量的回归结果

变量	Lnpatent1	Lnpatent2	Lnpatent3	Lnpatent4	Lnpatent1	Lnpatent2	Lnpatent3	Lnpatent4
Method	OLS (1)	OLS (2)	OLS (3)	OLS (4)	OLS (5)	OLS (6)	OLS (7)	OLS (8)
Short1	2. 769 (1. 163)	3. 625 ** (1. 967)	5. 749 *** (2. 949)	0. 735 (0. 317)	—	—	—	—
Short2	—	—	—	0. 026 ** (2. 197)	0. 029 *** (3. 227)	0. 043 *** (4. 441)	0. 00900 (0. 795)
Size	0. 422 *** (23. 625)	0. 364 *** (26. 381)	0. 370 *** (25. 309)	0. 366 *** (21. 095)	0. 417 *** (23. 778)	0. 361 *** (26. 559)	0. 366 *** (25. 457)	0. 364 *** (21. 322)
Lev	− 0. 148 (− 1. 482)	− 0. 0980 (− 1. 271)	− 0. 136 * (− 1. 662)	0. 0510 (0. 528)	− 0. 139 (− 1. 390)	− 0. 0880 (− 1. 145)	− 0. 122 (− 1. 496)	0. 0550 (0. 563)
Roa	1. 926 *** (5. 494)	1. 410 *** (5. 197)	1. 176 *** (4. 097)	1. 473 *** (4. 322)	1. 923 *** (5. 489)	1. 409 *** (5. 196)	1. 176 *** (4. 101)	1. 472 *** (4. 318)
Q	− 0. 0170 (− 1. 591)	− 0. 00600 (− 0. 774)	0. 0120 (1. 354)	− 0. 030 *** (− 2. 937)	− 0. 0160 (− 1. 558)	− 0. 00500 (− 0. 665)	0. 0130 (1. 574)	− 0. 030 *** (− 2. 971)
Cf	− 0. 0420 (− 0. 221)	− 0. 00300 (− 0. 019)	0. 126 (0. 814)	− 0. 242 (− 1. 317)	− 0. 0300 (− 0. 159)	0. 0100 (0. 069)	0. 144 (0. 933)	− 0. 238 (− 1. 293)
Cash	0. 294 ** (2. 421)	0. 214 ** (2. 271)	0. 0710 (0. 715)	0. 505 *** (4. 271)	0. 285 ** (2. 340)	0. 203 ** (2. 159)	0. 0570 (0. 569)	0. 501 *** (4. 237)
Share1	0 (− 0. 226)	− 0. 00100 (− 0. 917)	− 0. 003 *** (− 3. 488)	0. 002 ** (1. 968)	0 (− 0. 164)	− 0. 00100 (− 0. 844)	− 0. 003 *** (− 3. 405)	0. 002 ** (1. 997)
Indepence	0. 284 (1. 081)	0. 292 (1. 439)	0. 386 * (1. 797)	0. 405 (1. 586)	0. 288 (1. 097)	0. 298 (1. 467)	0. 395 * (1. 840)	0. 406 (1. 591)
Growth	− 0. 0120 (− 0. 576)	− 0. 00600 (− 0. 379)	− 0. 00600 (− 0. 354)	− 0. 0100 (− 0. 484)	− 0. 0120 (− 0. 570)	− 0. 00600 (− 0. 373)	− 0. 00600 (− 0. 346)	− 0. 0100 (− 0. 482)

变量	Lnpatent1	Lnpatent2	Lnpatent3	Lnpatent4	Lnpatent1	Lnpatent2	Lnpatent3	Lnpatent4
Method	OLS（1）	OLS（2）	OLS（3）	OLS（4）	OLS（5）	OLS（6）	OLS（7）	OLS（8）
Age	-0.158*** (-7.452)	-0.105*** (-6.354)	-0.046*** (-2.632)	-0.168*** (-8.113)	-0.160*** (-7.522)	-0.106*** (-6.433)	-0.047*** (-2.718)	-0.168*** (-8.149)
Mshares	0.0190 (0.222)	-0.0400 (-0.592)	-0.261*** (-3.635)	0.170** (1.992)	0.0230 (0.262)	-0.0370 (-0.544)	-0.257*** (-3.579)	0.171** (2.011)
Dual	0.149*** (4.494)	0.122*** (4.781)	0.134*** (4.951)	0.079** (2.443)	0.149*** (4.512)	0.123*** (4.813)	0.135*** (5.001)	0.079** (2.448)
Cons	-8.636*** (-21.685)	-7.665*** (-24.873)	-7.834*** (-24.034)	-7.755*** (-20.024)	-8.548*** (-21.868)	-7.592*** (-25.103)	-7.755*** (-24.246)	-7.710*** (-20.281)
Ind	控制	控制	控制	控制	控制	控制	控制	控制
Year	控制	控制	控制	控制	控制	控制	控制	控制
N	11365	11365	11365	11365	11365	11365	11365	11365
Adj R^2	0.159	0.168	0.149	0.139	0.159	0.169	0.150	0.139
F	60.67	64.76	56.14	51.88	60.78	64.98	56.50	51.90

注：括号内为 t 值，***、**、* 分别表示显著性水平为1%、5%、10%。

151

表6-19列示了融券余量及交易量对创新投资配置程度的回归结果。结果显示无论是融券余量还是融券交易量对创新投资的配置程度的回归系数均在1%的显著性水平下显著为正，证明了结论的稳健性。

表6-19　融券余量及交易量与企业创新投资配置程度的回归结果

变量	RDEF	RDEF
Method	OLS（1）	OLS（2）
Short1	0.907*** (2.705)	—
Short2	—	0.007*** (4.438)
Size	0.041*** (14.690)	0.040*** (14.633)

续表

变量	RDEF	RDEF
Method	OLS（1）	OLS（2）
Lev	0. 0240 (1. 556)	0. 027 * (1. 742)
Roa	0. 0600 (1. 115)	0. 0570 (1. 073)
Q	0. 003 ** (2. 134)	0. 004 ** (2. 349)
Cf	− 0. 0200 (− 0. 675)	− 0. 0160 (− 0. 531)
Cash	0. 0100 (0. 539)	0. 00800 (0. 407)
Share1	0 (− 1. 082)	0 (− 0. 924)
Indepence	0. 066 * (1. 669)	0. 066 * (1. 674)
Growth	0. 00100 (0. 440)	0. 00100 (0. 510)
Age	0. 014 *** (4. 495)	0. 014 *** (4. 408)
Mshares	− 0. 038 *** (− 3. 055)	− 0. 038 *** (− 3. 000)
Dual	0. 020 *** (4. 134)	0. 020 *** (4. 102)
Cons	− 0. 630 *** (− 9. 325)	− 0. 610 *** (− 9. 237)
Ind	控制	控制
Year	控制	控制
N	6197	6197
Adj R^2	0. 163	0. 164
F	34. 47 *** (0. 000)	34. 88 *** (0. 000)

注：括号内为 t 值，*** 、** 、* 分别表示显著性水平为 1%、5%、10%。

6.5　本　章　小　结

基于前述两章融资融券在不同的情境下对企业创新投资具有激励作用的基础，本章进一步研究了融资融券制度对企业创新投资所产生效率的影响。本章仍然基于双重差分（DID）模型从创新投资的合理程度、收益程度和配置程度三个方面展开了研究。结果发现，融资融券制度实施后，标的企业创新投资不足的概率显著降低，而对创新投资过度的可能性并没有产生显著的影响；融资融券对企业当年及下一年的实质性（发明）专利申请有显著的促进作用，但专利申请总数量并未受到显著影响，这是因为融资融券未对策略性（实用新型和外观设计）专利申请数量产生激励作用造成的；从创新投资配置程度的角度看，融资融券制度促进了由 DEA 计算得到的投入产出效率。为了保证结论的可靠性，进一步使用 PSM、改变变量定义、融券余量及交易量等方法对内生性和稳健性进行了检验，结果与最初的回归结果一致。

第7章 研究结论、政策建议与展望

7.1 研 究 结 论

本书从制度变迁的视角，以委托代理理论、信息不对称理论和高层梯队理论为依据，实证检验了融资融券制度对企业创新投资及效率的影响。具体来看，本书以我国的融资融券交易为背景，把我国沪深股市2007～2016年的上市公司作为样本，主要研究了融资融券对我国上市创新投资的影响，并根据不同的情境进行进一步的分析，在此基础上从创新投资的合理程度、收益程度以及配置程度三个方面讨论了融资融券对效率的影响。通过双重差分模型分析发现：

第一，企业成为融资融券标的之后，其创新投资水平得到了促进，证实了融资融券制度的监督约束能力，市场压力并没有对管理层产生太大的作用。

第二，进一步实证检验发现，当企业或管理层处于不同的情境时，融资融券制度发挥的作用也有所不同。首先，从企业的属性特征来看，国有企业中虽然有更多的信息不对称问题，但是鉴于国有企业特殊的性质，非国有企业的管理者能够在更大程度上受到外部监督机制的影响，因此融资融券制度在非国有企业中的作用更加明显；当从行业属性看时，处于高科技行业的企业存在多重的信息不对称，相比于非高科技行业的企业，融资融券制度能够发挥更大的作用。其次，从公司治理环境的角度来看，当企业被国际四大会计师事务所审计时融资融券发挥的作用更加积极，但是当分析师跟踪人数较少时作用却不显著，相反，分析师跟踪人数较多的情况下融资融券的制度是显著的，这可能是由于分析师跟踪人数较多的企业会吸引更多融资融券交易者的原因造成的。再次，融资约束程度高的企业中融资融券作用更加显著，从企业所处的外部市场环境看，较高的市场化指数能够为融资融券提供更多的便利条件，使其发挥更加明显的作用。最后，从管理层的特征考察了融资融券的作用，非过度自信的管理者其短视现象更加严重，因此融资融券能发挥更大的作用；从管理层任期来看，既有任期较长时，管理层处于"求稳"的心态，更加有可能出现短视主义，融资融券有更大的发挥空间，但是管理层的预期任期对融资融券作用的发挥没有显著的区别。

第三，融资融券对创新投资的效率也产生了显著的影响。从创新投资的合理程度来看，融资融券对创新投资的促进作用是恰当的，因为它只显著降低了企业创新投资不足的概率，但是对企业创新投资过度的概率并没有产生显著的影响，因此并不存在"矫枉过正"的现象；从创新投资的收益程度来看，融资融券制度也产生了良好的效果，无论是专利申请总数量还是赋予权重的专利申请总数量并没有出现显著的增加，实用新型和外观设计专利数量也没有发生显著变化，但是企业当年以及下一年的发明专利总数量却有显著的增加，且对发明专利申请第三年的发明专利授权数量有明显的促进作用，这表明融资融券制度的施行对提高企业的核心竞争力是有作用的，因为企业会花费更多的时间和精力进行发明专利这种实质性的专利活动，而不是实用新型和外观设计这种技术含量相对较低的策略性专利申请活动；从企业创新投资配置程度的视角来看，融资融券对创新投资产生了更好的效果，能显著促进由 DEA 方法逐年计算得到的投入产出效率值，创新投资的增加体现了更高的质量。

概括而言，融资融券对企业创新投资及效率的作用是真实有效的，管理层决策过程中的短视行为被有效抑制。管理层增加了对企业创新的投资，且促进作用并不是为了应付股东或交易者的监督而进行的，管理层也并没有借由对创新投资过度增加获得私有收益。创新投资增加后，企业的实质性专利申请数量切实增加，投入的资金更多被用在了真正需要之处，一定的投入获得了更多的产出，企业的创新结果朝良性方向发展，企业的创新质量乃至战略价值在这个过程中也获得一定程度的提升。

7.2 政策建议

由此可见，融资融券作为资本市场一种新兴的制度能够从微观层面对企业的实际决策产生影响。从长期来看，融资融券机制的引入能够约束管理层的行为，使管理层能够从企业的长期利益出发，对企业的创新投资呈现出显著的激励效应，进而促进了企业资源的有效配置。同时，融资融券机制治理作用的发挥与企业的异质性特征息息相关，也离不开管理层的影响。研究为相关政策的制定以及融资融券的分步扩容工作提供了良好的现实依据，为学术界关于融资融券对企业长期行为影响的研究提供了新的经验证据，为金融市场的有效及健康发展提供了理论上的参考。根据本书的结论，提出如下的政策建议：

第一，继续推进融资融券制度。基于本书的分析可以知道，融资融券对企业的创新投资发生了显著且真实的激励作用，能够提高企业创新的质量，但是当前我国的融资和融券业务还不对称，业务规模也相对较小。因此在一定的市场条件和制度环境规范以后，我国政府应该继续推进融资融券机制的制度建设、金融创新和市场扩容工作，如考虑实施市场中股票的全面标的化，并考虑降低两融担保比例等手段。在此基础上可以考虑引入多样期货、期权等多种融资融券机制，多层次推进融资融券机制的构建和市场体系，这对我国资本市场和上市公司的长期发展无疑具有显著的战略价值。

第二，有重点、分层次地进行标的股票的选取。创新投资是创新活动的前置环节，资金是保证效率的前提条件。本书的研究发现企业异质性和管理层的异质性都会对融资融券作用的发挥产生影响，研究结论也支持了管理层在一定的监督约束下会基于自身利益最大化进行决策的逻辑。因此，在选取标的股票分步扩容的阶段，相关机构应根据产权性质、行业属性、治理环境和管理层特征等多个因素率先选取企业内部信息不对称程度较高、管理层短视问题比较严重的上市公司，以达到融资融券治理作用的最优化。

第三，微观企业积极开展融资融券业务。委托代理问题是企业面临的重要难题，本书的研究结论证实了融资融券机制在缓解委托代理问题、降低信息不对称、约束管理者行为方面发挥重要作用。首先控制组企业应积极申报成为融资融券标的公司；其次已经成为融资融券标的的企业应提升融资融券业务的活跃度，扩大业务量，使融资融券机制更好地发挥作用，提升企业的长期价值。

7.3　研究局限及展望

本研究具有一定的理论和现实意义，但由于所研究问题的复杂性和作者研究水平的有限性，仍然存在一些局限，需要在未来的研究中予以完善。

7.3.1　研究局限

在实证模型设计方面，尽管模型是建立在对大量文献进行研究的基础上，借鉴了已有文献的方法和模型，并根据本书的具体问题进行了合理的修正，但是无法保证也不可能使模型涵盖所有影响创新投资的变量，因此有可能使本书的结论存在一定的偏误。

7.3.2　研究展望

在本书的基础上，未来还存在以下研究方向：

第一，在本书的研究中，重点关注的是是否引入融资融券制度对上市公司创新投资及其效率的影响，在稳健性检验中简单进行了融券交易量及融券余量的分析。然而，融资融券包含更多具体的内容，如融资交易量、融资融券交易量等，当前也有研究开始分析具体的融资交易量等对市场效率方面的影响。因此，在下一步的研究中，可以将融资融券具体化，分别对企业的创新行为进行更加深入的研究。

第二，与国外的融资融券机制有所不同，我国的融资融券制度采取先试点、后推广的模式，标的股票分步扩容。本书把开始实施融资融券制度到 2016 年底作为一个整体的样本区间进行考察。为了进一步检验融资融券的效果，在下一步的研究中可以根据扩容的时间进行分段检验，以更好地了解每次扩容对企业的创新投资所产生的影响，为后续的扩容工作提供依据。

参 考 文 献

[1] 毕晓方，翟淑萍，姜宝强. 政府补贴、财务冗余对高新技术企业双元创新的影响 [J]. 会计研究，2017（1）.

[2] 陈海强，范云菲. 融资融券交易制度对中国股市波动率的影响——基于面板数据政策评估方法的分析 [J]. 金融研究，2015（6）.

[3] 陈华东. 管理者任期、股权激励与企业创新研究 [J]. 中国软科学，2016（8）.

[4] 陈晖丽，刘峰. 融资融券的治理效应研究——基于会计稳健性的视角 [J]. 中国会计评论，2014（3）.

[5] 陈晖丽，刘峰. 融资融券的治理效应研究——基于公司盈余管理的视角 [J]. 会计研究，2014（9）.

[6] 陈钦源，马黎珺，伊志宏. 分析师跟踪与企业创新绩效——中国的逻辑 [J]. 南开管理评论，2017（3）.

[7] 陈胜蓝，马慧. 卖空压力与公司并购——来自卖空管制放松的准自然实验证据 [J]. 管理世界，2017（7）.

[8] 陈修德，梁彤缨，雷鹏，秦全德. 高管薪酬激励对企业研发效率的影响效应研究 [J]. 科研管理，2015（9）.

[9] 陈玉罡，蔡海彬，刘子健等. 外资并购促进了科技创新吗？[J]. 会计研究，2015（9）.

[10] 程小可，姜永盛，郑立东. 影子银行、企业风险承担与企业价值 [J]. 财贸研究，2016（6）.

[11] 褚剑，方军雄，于传荣. 卖空约束放松与银行信贷决策 [J]. 金融研究，2017（12）.

[12] 褚剑，方军雄. 中国式融资融券制度安排与股价崩盘风险的恶化 [J]. 经济研究，2016（5）.

[13] 邓可斌，曾海舰. 中国企业的融资约束：特征现象与成因检

验［J］．经济研究，2014（2）．

［14］董捷，张心灵，陈胜蓝．卖空压力与公司现金持有——基于中国卖空管制放松的准自然实验证据［J］．中南财经政法大学学报，2017（3）．

［15］宫义飞，郭兰．分析师跟踪、所有权性质与融资约束——基于不同产权主体的研究［J］．经济管理，2012（1）．

［16］苟燕楠，董静．风险投资背景对企业技术创新的影响研究［J］．科研管理，2014（2）．

［17］苟燕楠，董静．风险投资进入时机对企业技术创新的影响研究［J］．中国软科学，2013（3）．

［18］顾乃康，周艳利．卖空的事前威慑、公司治理与企业融资行为——基于融资融券制度的准自然实验检验［J］．管理世界，2017（2）．

［19］顾琪，陆蓉．金融市场的"劣汰"机制——基于卖空机制与盈余管理的研究［J］．财贸经济，2016（5）．

［20］郭斌，蔡宁．从"科学范式"到"创新范式"：对范式范畴演进的评述［J］．自然辩证法研究，1998（3）．

［21］韩静，笪彦雯，赵经纬．稳健会计政策下的高管过度自信与投资效率关系研究［J］．东南大学学报（哲学社会科学版），2016（1）．

［22］韩鹏，岳园园．企业创新行为信息披露的经济后果研究——来自创业板的经验证据［J］．会计研究，2016（1）．

［23］何郁冰，周慧，丁佳敏．技术多元化如何影响企业的持续创新［J］．科学学研究，2017（12）．

［24］何玉润，林慧婷，王茂林．产品市场竞争、高管激励与企业创新——基于中国上市公司的经验证据［J］．财贸经济，2015（2）．

［25］贺学会，李琛，徐寿福，徐龙炳．"对手"还是"队友"：盈余管理语境中的卖空者和监督者［J］．财贸经济，2016（6）．

［26］洪少枝，尤建新，郑海鳌，邵鲁宁．高新技术企业知识产权战略评价系统研究［J］．管理世界，2011（10）．

［27］侯青川，靳庆鲁，刘阳．放松卖空管制与公司现金价值——基于中国资本市场的准自然实验［J］．金融研究，2016（11）．

［28］侯青川，靳庆鲁，苏玲等．放松卖空管制与大股东"掏空"［J］．经济学：季刊，2017（3）．

159

[29] 胡元木, 纪端. 董事技术专长、创新效率与企业绩效 [J]. 南开管理评论, 2017 (3).

[30] 胡元木, 刘佩, 纪端. 技术独立董事能有效抑制真实盈余管理吗? ——基于可操控创新费用视角 [J]. 会计研究, 2016 (3).

[31] 胡元木. 技术独立董事可以提高 R&D 产出效率吗? ——来自中国证券市场的研究 [J]. 南开管理评论, 2012 (2).

[32] 贾俊生, 伦晓波, 林树. 金融发展、微观企业创新产出与经济增长——基于上市公司专利视角的实证分析 [J]. 金融研究, 2017 (1).

[33] 江轩宇. 政府放权与国有企业创新——基于地方国企金字塔结构视角的研究 [J]. 管理世界, 2016 (9).

[34] 姜付秀, 张敏, 陆正飞, 陈才东. 管理者过度自信、企业扩张与财务困境 [J]. 经济研究, 2009 (1).

[35] 姜英兵, 于雅萍. 谁是更直接的创新者? ——核心员工股权激励与企业创新 [J]. 经济管理, 2017 (3).

[36] 金永红, 蒋宇思, 奚玉芹. 风险投资参与、创新投入与企业价值增值 [J]. 科研管理, 2016 (9).

[37] 靳庆鲁等. 放松卖空管制、公司投资决策与期权价值 [J]. 经济研究, 2015 (10).

[38] 孔东民, 徐茗丽, 孔高文. 企业内部薪酬差距与创新 [J]. 经济研究, 2017 (10).

[39] 雷鹏, 梁彤缨, 陈修德. 融资约束视角下管理层激励对企业研发效率的影响研究 [J]. 外国经济与管理, 2016 (10).

[40] 黎文靖, 郑曼妮. 实质性创新还是策略性创新——宏观产业政策对微观企业创新的影响 [J]. 经济研究, 2016 (4).

[41] 李兵, 岳云嵩, 陈婷. 出口与企业自主技术创新: 来自企业专利数据的经验研究 [J]. 世界经济, 2016 (12).

[42] 李春涛, 宋敏, 张璇. 分析师跟踪与企业盈余管理——来自中国上市公司的证据 [J]. 金融研究, 2014 (7).

[43] 李丹, 袁淳, 廖冠民. 卖空机制与分析师乐观性偏差——基于双重差分模型的检验 [J]. 会计研究, 2016 (9).

[44] 李栋栋, 陈涛琴. 卖空压力影响公司融资约束吗? ——基于

160

中国 A 股上市公司的实证证据 [J]. 经济理论与经济管理，2017（10）.

［45］李后建，张宗益. 地方官员任期、腐败与企业研发投入 [J]. 科学学研究，2014（5）.

［46］李后建，张宗益. 金融发展、知识产权保护与技术创新效率——金融市场化的作用 [J]. 科研管理，2014（12）.

［47］李健，杨蓓蓓，潘镇. 政府补助、股权集中度与企业创新可持续性 [J]. 中国软科学，2016（6）.

［48］李科，徐龙炳，朱伟骅. 卖空限制与股票错误定价——融资融券制度的证据 [J]. 经济研究，2014（10）.

［49］李莉，闫斌，顾春霞. 知识产权保护、信息不对称与高科技企业资本结构 [J]. 管理世界，2014（1）.

［50］李琳，张敦力. 分析师跟踪、股权结构与内部人交易收益 [J]. 会计研究，2017（1）.

［51］李苗苗，肖洪钧，赵爽. 金融发展、技术创新与经济增长的关系研究——基于中国的省市面板数据 [J]. 中国管理科学，2015（2）.

［52］李平，崔喜君，刘建. 中国自主创新中研发资本投入产出绩效分析——兼论人力资本和知识产权保护的影响 [J]. 中国社会科学，2007（2）.

［53］李婉丽，谢桂林，郝佳蕴. 管理者过度自信对企业过度投资影响的实证研究 [J]. 山西财经大学学报，2014（10）.

［54］李维安，李浩波，李慧聪. 创新激励还是税盾？——高新技术企业税收优惠研究 [J]. 科研管理，2016（11）.

［55］李文贵，余明桂. 民营化企业的股权结构与企业创新 [J]. 管理世界，2015（4）.

［56］李小青，吕靓欣. 董事会社会资本、群体断裂带与企业研发效率——基于随机前沿模型的实证分析 [J]. 研究与发展管理，2017（4）.

［57］李小青，周建. 董事会群体断裂带的内涵、来源以及对决策行为的影响——文献综述与理论研究框架构建 [J]. 外国经济与管理，2014（3）.

［58］李小青，周建. 董事会群体断裂带对企业战略绩效的影响研究——董事长职能背景和董事会持股比例的调节作用 [J]. 外国经济与

管理，2015（11）.

[59] 李玉虹，马勇. 互动：技术创新与制度创新关系的理论比较
[J]. 经济学家，2001（1）.

[60] 李志生，陈晨，林秉旋. 卖空机制提高了中国股票市场的定
价效率吗？——基于自然实验的证据 [J]. 经济研究，2015（4）.

[61] 李志生，杜爽，林秉旋. 卖空交易与股票价格稳定性——来
自中国融资融券市场的自然实验 [J]. 金融研究，2015（6）.

[62] 梁上坤，陈冬，胡晓莉. 外部审计师类型与上市公司费用粘
性 [J]. 会计研究，2015（2）.

[63] 刘娥平，赵伟捷，贺晋. 风险投资对非效率研发投资的双向
治理——来自我国上市公司的经验证据 [J]. 中山大学学报（社会科学
版），2015（6）.

[64] 鲁桐，党印. 公司治理与技术创新：分行业比较 [J]. 经济
研究，2014（6）.

[65] 鲁桐，党印. 投资者保护、行政环境与技术创新：跨国经验
证据 [J]. 世界经济，2015（10）.

[66] 吕久琴，郁丹丹. 政府科研创新补助与企业研发投入：挤出、
替代还是激励？[J]. 中国科技论坛，2011（8）.

[67] 孟清扬. 卖空压力对国有企业创新产出的影响 [J]. 技术经
济，2017（9）.

[68] 潘越，戴亦一，林超群. 信息不透明，分析师关注与个股暴
跌风险 [J]. 金融研究，2011（9）.

[69] 潘越，潘健平，戴亦一. 公司诉讼风险、司法地方保护主义
与企业创新 [J]. 经济研究，2015（3）.

[70] 潘镇，李云牟，李健. 总经理掌控力、董事长——总经理垂
直对特征与创新持续性 [J]. 经济管理，2017（9）.

[71] 千慧雄. 出口与技术创新结构：基于高技术产业的面板分析
[J]. 国际贸易问题，2014（9）.

[72] 沈艺峰，王夫乐，陈维. "学院派"的力量：来自具有学术
背景独立董事的经验证据 [J]. 经济管理，2016（5）.

[73] 史宇鹏，顾全林. 知识产权保护、异质性企业与创新：来自
中国制造业的证据 [J]. 金融研究，2013（8）.

[74] 唐清泉，巫岑．银行业结构与企业创新活动的融资约束 [J]．金融研究，2015 (7)．

[75] 唐跃军，左晶晶．所有权性质大股东治理与公司创新 [J]．金融研究，2014 (6)．

[76] 王春燕，张玉明．开放式创新下互联网应用对小微企业创新绩效的影响 [J]．东北大学学报（社会科学版），2018 (1)．

[77] 王立威，周鹏．卖空对企业创新产出影响的实证检验 [J]．统计与决策，2017 (9)．

[78] 王山慧，王宗军，田原．管理者过度自信与企业技术创新投入关系研究 [J]．科研管理，2013 (5)．

[79] 王艳艳，陈汉文．审计质量与会计信息透明度——来自中国上市公司的经验数据 [J]．会计研究，2006 (4)．

[80] 魏志华，曾爱民，李博．金融生态环境与企业融资约束——基于中国上市公司的实证研究 [J]．会计研究，2014 (5)．

[81] 温军，冯根福．异质机构、企业性质与自主创新 [J]．经济研究，2012 (3)．

[82] 文芳，胡玉明．中国上市公司高管个人特征与创新投资 [J]．管理评论，2009 (11)．

[83] 吴超鹏，唐茚．知识产权保护执法力度、技术创新与企业绩效——来自中国上市公司的证据 [J]．经济研究，2016 (11)．

[84] 肖浩，孔爱国．融资融券对股价特质性波动的影响机理研究：基于双重差分模型的检验 [J]．管理世界，2014 (8)．

[85] 辛清泉，孔东民，郝颖．公司透明度与股价波动性 [J]．金融研究，2014 (10)．

[86] 徐欣，唐清泉．财务分析师跟踪与企业 R&D 活动——来自中国证券市场的研究 [J]．金融研究，2010 (12)．

[87] 许瑜，冯均科，杨菲．媒体关注、内部控制有效性与企业创新绩效 [J]．财经论丛，2017 (12)．

[88] 杨道广，陈汉文，刘启亮．媒体压力与企业创新 [J]．经济研究，2017 (8)．

[89] 杨兴全，齐云飞，吴昊旻．行业成长性影响公司现金持有吗？[J]．管理世界，2016 (1)．

［90］易靖韬，张修平，王化成．企业异质性、高管过度自信与企业创新绩效［J］．南开管理评论，2015（6）.

［91］余明桂，李文贵，潘红波．管理者过度自信与企业风险承担［J］．金融研究，2013（1）.

［92］余明桂，钟慧洁，范蕊．分析师关注与企业创新——来自中国资本市场的经验证据［J］．经济管理，2017（3）.

［93］虞义华，赵奇锋，鞠晓生．发明家高管与企业创新［J］．中国工业经济，2018（3）.

［94］翟淑萍，毕晓方．环境不确定性、管理层自信与企业双元创新投资［J］．中南财经政法大学学报，2016（5）.

［95］张杰，郑文平，新夫．中国的银行管制放松、结构性竞争和企业创新［J］．中国工业经济，2017（10）.

［96］张璇，周鹏，李春涛．卖空与盈余质量——来自财务重述的证据［J］．金融研究，2016（8）.

［97］张学勇，张叶青．风险投资、创新能力与公司 IPO 的市场表现［J］．经济研究，2016（10）.

［98］张玉明，王春燕．企业创新要素视角下供给侧改革实施路径研究［J］．科技进步与对策，2017（20）.

［99］张玉明，王春燕．协同视角下科技型中小企业融资信用治理机制研究［J］．山东大学学报（哲学社会科学版），2017（1）.

［100］张兆国，刘亚伟，杨清香．管理者任期、晋升激励与研发投资研究［J］．会计研究，2014（9）.

［101］张振刚，李云健，李莉．企业慈善捐赠、科技资源获取于创新绩效关系研究——基于企业于政府的资源交换视角［J］．南开管理评论，2016（3）.

［102］甄丽明．IPO 超募与创业企业 R&D 投资行为——来自创业板的经验研究［J］．证券市场导报，2013（9）.

［103］郑志刚，丁冬，汪昌云．媒体的负面报道、经理人声誉与企业业绩改善——来自我国上市公司的证据［J］．金融研究，2011（12）.

［104］钟宇翔，吕怀立，李婉丽．管理层短视、会计稳健性与企业创新抑制［J］．南开管理评论，2017（6）.

［105］朱磊，韩洪震，王春燕．技术并购对企业创新绩效的影

响——来自我国高技术上市公司的数据［J］．山东财经大学学报，2016
（3）．

[106] 朱磊，韩雪，王春燕．股权结构、管理者过度自信与企业创
新绩效——来自中国 A 股高科技企业的经验证据［J］．软科学，2016
（12）．

[107] 朱磊，徐晓彤，王春燕．产业环境、管理者任期与企业双元
创新投资［J］．证券市场导报，2017（6）．

[108] Acharya, et al. Labor Laws and Innovation. *Journal of Laws and Economics*, Vol. 56, No. 4, 2013, pp. 997 – 1037.

[109] Acharya, V. and Z. Xu. Financial Dependence and Innovation: The Case of Public versus Private Firms. *Journal of Financial Economics*, Vol. 124, No. 2, 2017, pp. 223 – 243.

[110] Acharya, Viral, and Krishnamurthy Subramanian. Bankruptcy Codes and Innovation. *Review of Financial Studies*, Vol. 22, No. 12, 2009, pp. 4949 – 4988.

[111] Aggarwal, V. A. and D. H. Hsu. Entrepreneurial Exits and Innovation. *Management Science*, Vol. 60, No. 4, 2014, pp. 867 – 887.

[112] Aghion P, Howitt P. A Model of Growth Through Creative Destruction. *Econometrica*, Vol. 60, No. 2, 1992, pp. 323 – 351.

[113] Aghion, Philippe, Nick Bloom, Richard Blundell, Rachel Griffith, and Peter Howitt. Competition and Innovation: An inverted – U relationship. *Quarterly Journal of Economics*, Vol. 120, No. 2, 2005, pp. 701 – 728.

[114] Alicke M. D., Klotz M. L., Breitenbecher D. L. et al. Personal Contact, Individuation, and the better-than-average Effect. *Journal of Personality & Social Psychology*, Vol. 68, No. 5, 1995, pp. 804 – 825.

[115] Anandarajan A., Chin C. L., Chi H. Y. et al. The Effect of Innovative Activity on Firm Performance: The Experience of Taiwan. *Advances in Accounting Incorporating Advances in International Accounting*, Vol. 23, No. 1, 2007, pp. 1 – 30.

[116] Antia M, Pantzalis C, Park J C. CEO Decision Horizon and Firm Performance: An Empirical Investigation. *Journal of Corporate Finance*, Vol. 16, No. 3, 2010, pp. 288 – 301.

[117] Argyres N. S. , Silverman B. S. R&D, Organization Structure, and the Development of Corporate Technological Knowledge. *Strategic Management Journal*, Vol. 25, No. 8 – 9, 2004, pp. 929 – 958.

[118] Atanassov, J. Do Hostile Takeovers Stifle Innovation? Evidence from Antitake over Legislation and Corporate Patenting. *The Journal of Finance*, Vol. 68, No. 3, 2013, pp. 1097 – 1131.

[119] Balsmeier, Benjamin, Lee Fleming, and Gustavo Manso. Escaping Competition and Competency Traps: Identifying How Innovative Search Strategy Enables Market Entry. Working Paper, University of California at Berkeley, 2017.

[120] Barth, M. , Kasznik, R. , McNichols, M. Analyst Coverage and Intangible Assets. *Journal of Accounting Research*, Vol. 39, No. 1, 2001, pp. 1 – 34.

[121] Beber, Alessandro and M. Pagano, Short – Selling Bans around the World: Evidence from the 2007 – 09 Crisis. *Journal of Finance*, Vol. 68, No. 1, 2013, pp. 343 – 381.

[122] Belloc F. Corporate Governance and Innovation: A Survey. *Journal of Economic Surveys*, Vol. 26, No. 5, 2012, pp. 835 – 864.

[123] Benmelech, Efraim, Kandel, Eugene, Veronesi, Pietro. Stock – Based Compensation and CEO (Dis) Incentives. *Quarterly Journal of Economics*, Vol. 125, No. 4, 2010, pp. 1769 – 1820.

[124] Bhattacharya, S. , Ritter, J. . Innovation and Communication: Signalizing with Partial Disclosure. *Review of Economic Studies*, Vol. 50, No. 2, 1983, pp. 331 – 346.

[125] Biddle, G. C. , G. Hilary, R. and S. Verdi. How does Financial Reporting Quality Relate to Investment Efficiency? . *Journal of Accounting and Economics*, Vol. 48, No. 2 – 3, 2009, pp. 112 – 131.

[126] Bloom N. , Draca M. , Van Reenen J. Trade Induced Technical Change? The Impact of Chinese Imports on Innovation, IT and Productivity. *Cepr Discussion Papers*, Vol. 83, No. 1, 2011, pp. 1 – 13.

[127] Boehmer, E. and J. Wu, Short Selling and the Price Discovery Process. *Review of Financial Studies*, Vol. 26, No. 2, 2013, pp. 287 – 322.

[128] Boehmer, Ekkehart, Charles M. Jones and Xiaoyan Zhang. Shackling Short Sellers: The 2008 Shorting Ban. *Review of Financial Studies*, Vol. 26, No. 6, 2013, pp. 1363 – 1400.

[129] Brav et al. How Does Hedge Fund Activism Reshape Corporate Innovation. *Journal of Financial Economics*, Vol. 130, No. 2, 2018, pp. 237 – 264.

[130] Bris, A. , W. N. Goetzmann and N. Zhu, Efficiency and the Bear: Short Sales and Markets Around the World. *Journal of Finance*, Vol. 62, No. 3, 2007, pp. 1029 – 1079.

[131] Brown, James R. , Gustav Martinsson, and Bruce C. Petersen. Law, stock markets, and innovation. *Journal of Finance*, Vol. 68, No. 4, 2013, pp. 1517 – 1550.

[132] Bushee B. J. Do Institutional Investors Prefer Near – Term Earnings over Long – Run Value? . *Contemporary Accounting Research*, Vol. 18, No. 2, 2001, pp. 207 – 246.

[133] Bushee B. J. The Influence of Institutional Investors on Myopic R&D Investment Behavior. *Accounting Review*, Vol. 73, No. 3, 1998, pp. 305 – 333.

[134] Cerqueiro et al. Debtor Rights, Credit Supply, and Innovation. *Management Science*, Vol. 63, No. 10, 2017, pp. 3311 – 3327.

[135] Chang E. C. , Luo Y. , Ren J. . Short – selling, Margin – trading, and Price Efficiency: Evidence from the Chinese Market. *Journal of Banking & Finance*, Vol. 48, No. C, 2014, pp. 411 – 424.

[136] Chang, E. C. , J. W. Cheng and Y. Yu, Short – Sales Constraints and Price Discovery: Evidence from the Hong Kong Market. *Journal of Finance*, Vol. 62, No. 5, 2007, pp. 2097 – 2121.

[137] Chava, S. et al. , Banking Deregulation and Innovation. *Journal of Financial Economics*, Vol. 109, No. 3, 2013, pp. 759 – 774.

[138] Chemmanur, T. J. , E. Loutskina and X. Tian, Corporate Venture Capital, Value Creation, and Innovation. *Social Science Electronic Publishing*, Vol. 27, No. 8, 2014, pp. 2434 – 2473.

[139] Chemmanur, Thomas and X. Tian. Do Antitakeover Provisions

Spur Corporate Innovation? A Regression Discontinuity Analysis. *Journal of Financial and Quantitative Analysis*, 2017, Vol. 53, No. 2, 2018, pp. 1 – 32.

[140] Cohen L. , Diether K. , Malloy C. Misvaluing Innovation. *Review of Financial Studies*, Vol. 26, No. 3, 2013, pp. 635 – 666.

[141] Cornaggia, J. et al. Does banking competition affect innovation? *Journal of Financial Economics*, Vol. 115, No. 1, 2015, pp. 189 – 209.

[142] David Hirshleifer, Angie Low, Siew Hong Teoh. Are Overconfident CEOs Better Innovators? *Journal of Finance*, Vol. 67, No. 4, 2012, pp. 1457 – 1498.

[143] De Angelis, D. , G. Grullon and S. Michenaud. The Effects of Short – Selling Threats on Incentive Contracts: Evidence from an Experiment. *Review of Financial Studies*, Vol. 30, No. 7 – 8, 2014, pp. 262 – 263.

[144] Deangelo L. E. Auditor Size and Audit Quality. *Journal of Accounting & Economics*, Vol. 3, No. 3, 1981, pp. 183 – 199.

[145] Dechow P. M. , Sloan R. G. Executive Incentives and the Horizon Problem: An Empirical Investigation. *Journal of Accounting and Economics*, Vol. 14, No. 1, 1991, pp. 51 – 89.

[146] Dopuch N. , Sunder S. FASB's Statements on Objectives and Elements of Financial Accounting: A Review. *Accounting Review*, Vol. 55, No. 1, 1980, pp. 1 – 21.

[147] Dye R. A. Auditing Standards, Legal Liability, and Auditor Wealth. *Journal of Political Economy*, Vol. 101, No. 5, 1993, pp. 887 – 914.

[148] Ederer F. , G. Manso. Is Pay – for – Performance Detrimental to Innovation? . *Management Science*, Vol. 59, No. 7, 2013, pp. 1496 – 1513.

[149] Fang V. W. , Tian X. , Tice S. Does Stock Liquidity Enhance or Impede Firm Innovation? . *Journal of Finance*, Vol. 69, No. 5, 2014, pp. 2085 – 2125.

[150] Fang, L. H. , J. Lerner and C. Wu. Intellectual Property Rights

Protection, Ownership, and Innovation: Evidence from China. *Review of Financial Studies*, Vol. 30, No. 7, 2017, pp. 2446 – 2477.

[151] Farrell M. J. The Measurement of Productive Efficiency. *Journal of the Royal Statistical Society*, Vol. 120, No. 3, 1957, pp. 253 – 290.

[152] Fazzari S. M. , Hubbard R. G. , Petersen B. C. , et al. Financing Constraints and Corporate Investment. *Brookings Papers on Economic Activity*, No. 1, 1988, pp. 141 – 206.

[153] Ferreira, D. , G. Manso and A. C. Silva. Incentives to Innovate and the Decision to Go Public or Private. *Review of Financial Studies*, Vol. 27, No. 7750, 2014, pp. 256 – 300.

[154] Freeman C. , Soete L. The Economics of Industrial Innovation. *MIT Press*, 1997: 215 – 219.

[155] Galasso A. , Tombak M. Switching to Green: The Timing of Socially Responsible Innovation. *Journal of Economics&Management Strategy*, Vol. 23, No. 3, 2014, pp. 669 – 691.

[156] Galasso, Alberto and T. S. Simcoe. CEO Overconfidence and Innovation. *Management Science*, Vol. 57, No. 8, 2011, pp. 1469 – 1484.

[157] Gao, H. , P. H. Hsu and K. Li. Innovation Strategy of Private Firms. *Journal of Financial and Quantitative Analysis*, Vol. 53, No. 1, 2018, pp. 1 – 32.

[158] Gary H. Jefferson, Bai Huamao, Guan Xiaojing et al. R&D Performance in Chinese Industry. *Economics of Innovation & New Technology*, Vol. 15, No. 4 – 5, 2006, pp. 345 – 366.

[159] Graham, J. R. , C. R. Harvey and S. Rajgopal, The Economic Implications of Corporate Financial Reporting. *Journal of Accounting and Economics*, Vol. 40, No. 1 – 3, 2005, pp. 3 – 73.

[160] Griliches Z. Patent Statistics as Economic Indicators: A Survey. *Journal of Economic Literature*, Vol. 28, No. 4, 1990, pp. 1661 – 1707.

[161] Grullon, G. , S. Michenaud and J. P. Weston, The Real Effects of Short – Selling Constraints. *Review of Financial Studies*, Vol. 28, No. 6, 2011, pp. 1737 – 1767.

［162］ Hall, Bronwyn H. , Adam B. Jaffe, and Manuel Trajtenberg. The NBER Patent Citation Data File: Lessons, Insights and Methodological Tools. *National Bureau of Economic Research*, Working Paper, 2001.

［163］ Hall, B. H. , and D. Harhoff. Recent Research on the Economics of Patents. *Annual Review of Economics*, Vol. 4, No. 1, 2012, pp. 541 – 565.

［164］ Hansen M. T. , Birkinshaw J. The Innovation Value Chain. *Harvard Business Review*, Vol. 85, No. 6, 2007, pp. 121.

［165］ He J. , Tian X. Finance and Corporate Innovation: A Survey. *Asia—Pacific Journal of Finacial Studies*, Vol. 47, No. 2, 2017, pp. 165 – 212.

［166］ He J. , Tian X. Do Short Sellers Exacerbate or Mitigate Managerial Myopia? Evidence from Patenting Activities. *Social Science Electronic Publishing*, 2014.

［167］ He, J. J. and X. Tian. The Dark Side of Analyst Coverage: The Case of Innovation. *Journal of Financial Economics*, Vol. 109, No. 3, 2013, pp. 856 – 878.

［168］ Heaton J. B. Managerial Optimism and Corporate Finance. *Financial Management*, Vol. 31, No. 2, 2002, pp. 33 – 45.

［169］ Henry Sauermann & Wesley M. Cohen. What Makes them Tick? Employee Motives and Firm Innovation. *Management Science*, Vol. 56, No. 2, 2010, pp. 2134 – 2153.

［170］ Holmstrom, B. Agency Costs and Innovation. *Journal of Economic Behavior and Organization*, Vol. 12, No. 3, 1989, pp. 305 – 327.

［171］ Hong H. , Stein J. C. Differences of Opinion, Short – Sales Constraints, and Market Crashes. *Review of Financial Studies*, Vol. 16, No. 2, 2003, pp. 487 – 525.

［172］ Huang Y. F. , Chen C. J. The Impact of Technological Diversity and Organizational Slack on Innovation. *Technovation*, Vol. 30, No. 7 – 8, 2010, pp. 420 – 428.

［173］ Koh, P. & D. M. Reeb. Missing R&D. *Journal of Accounting and Economics*, Vol. 60, No. 1, 2015, pp. 73 – 94.

[174] Kortum S. , Lerner J. Assessing the Contribution of Venture Capital to Innovation. *Rand Journal of Economics*, Vol. 31, No. 4, 2000, pp. 674 – 692.

[175] Langer E. J. The Illusion of Control. *Journal of Personality & Social Psychology*, Vol. 32, No. 2, 1975, pp. 311 – 328.

[176] Lerner J. , Wulf J. Innovation and Incentives: Evidence from Corporate R&D. *Review of Economics and Statistics*, Vol. 89, No. 4, 2007, pp. 634 – 644.

[177] Li, Y. and L. Zhang, Short Selling Pressure, Stock Price Behavior, and Management Forecast Precision: Evidence from a Natural Experiment. *Journal of Accounting Research*, Vol. 53, No. 1, 2015, pp. 79 – 117.

[178] Malmendier Ulrike, Geoffrey Tate. Who Makes Acquisitions? Ceo Overconfidence and the Market's Reaction. *Journal of Financial Economics*, Vol. 89, No. 1, 2003, pp. 20 – 43.

[179] Manso G. Motivating Innovation. *Journal of Finance*, Vol. 66, No. 5, 2011, pp. 1823 – 1860.

[180] Massa, M. , et al. , Competition of the informed: Does the presence of short sellers affect insider selling? . *Journal of Financial Economics*, Vol. 118, No. 2, 2015, pp. 268 – 288.

[181] Miller E. M. Risk, Uncertainty, and Divergence of Opinion. *Journal of Finance*, Vol. 32, No. 4, 1977, pp. 1151 – 1168.

[182] Myers S. C. , Majluf N. S. Corporate Financing and Investment Decisions when Firms Have Information that Investors Do not Have. *Social Science Electronic Publishing*, Vol. 13, No. 2, 2001, pp. 187 – 221.

[183] Nanda, R. and T. Nicholas. Did Bank Distress Stifle Innovation during the Great Depression? . *Journal of Financial Economics*, Vol. 114, No. 2, 2014, pp. 273 – 292.

[184] Aghion P. , Van Reenen J. , Zingales L. . Innovation and Institutional Ownership. *American Economic Review*, Vol. 103, No. 1, 2013, pp. 277 – 304.

[185] Po – Hsuan Hsu, Xuan Tian, Yan Xu. Financial Development

and Innovation: Cross – country Evidence. *Journal of Financial Economics*, Vol. 112, No. 1, 2014, pp. 116 – 135.

[186] Romer P. M. Endogenous Technical Change. *Journal of Political Economy*, Vol. 98, No. 5, 1990, pp. 71 – 102.

[187] Sapra et al. Corporate Governance and Innovation: Theory and Evidence. *Journal of Financial and Quantitative Analysis*, Vol. 49, No. 4, 2014, pp. 82 – 106.

[188] Scharfstein D. S., Stein J. C. The Dark Side of Internal Capital Markets: Divisional Rent – Seeking and Inefficient Investment. *Journal of Finance*, Vol. 55, No. 6, 2000, pp. 2537 – 2564.

[189] Schumpeter, J. A. The Theory of Economic Development. Canbridge, MA: Harvard University Press, 1934.

[190] Seru and Amit, Firm Boundaries Matter: Evidence from Conglomerates and R&D Activity. *Journal of Financial Economics*, Vol. 111, No. 2, 2014, pp. 381 – 405.

[191] Stambaugh, R. F., J. Yu and Y. Yuan, The Short of it: Investor Sentiment and Anomalies. *Journal of Financial Economics*, Vol. 104, No. 2, 2012, pp. 288 – 302.

[192] Sunder, J., S. V. Sunder and J. Zhang. Pilot CEOs and Corporate Innovation. *Journal of Financial Economics*, Vol. 123, No. 1, 2017, pp. 209 – 224.

[193] Tan, Yongxian, Xuan Tian, Xinde Zhang, and Hailong Zhao. The Real Effects of Privatization: Evidence from China's Split Share Structure Reform. Working Paper, 2016.

[194] Tian Xuan, Tracy Wang. Tolerance for Failure and Corporate Innovation. *Review of Financial Studies*, Vol. 27, No. 1, 2014, pp. 211 – 255.

[195] Williams, H. L. Intellectual Property Rights and Innovation: Evidence from the Human Genome. *Journal of Political Economy*, Vol. 121, No. 1, 2010, pp. 1 – 27.

[196] Yang HH. Measuring the Efficiencies of Asia – Pacific International Airports – Parametric and non – Parametric Evidence. *Computers & Industrial Engineering*, Vol. 59, No. 4, 2010, pp. 697 – 702.